„Sepp Kraglbinder‘

Unerwünscht

BAUER-VERLAG

Impressum

Autor: „Sepp Kraglbinder"
Illustrationen: Isabella Kurić

Gesamtherstellung: BAUER-VERLAG, Gennachstraße 1,
87677 Thalhofen, www.verlag-bauer.de

ISBN 978-3-95551-155-5

Unerwünscht

Sepp Kraglbinder,
Hauptgerichtsvollzieher im Ruhestand,
erzählt spannende, tragische und humorvolle „Geschichten"

BAUER-VERLAG

Inhalt

1 Vorwort - Der Gerichtsvollzieher

Bundesweit gibt es über 4000 Gerichtsvollzieher. Diese haben über eine Million Vollstreckungsaufträge jährlich zu erledigen und über 50 000 Zwangsräumungen durchzuführen.
Der Gerichtsvollzieher ist als selbstständiges Organ der Zwangsvollstreckung in einer Sonderlaufbahn der Justiz Beamter.

Er hat insbesondere die Aufgabe, Vollstreckungstitel (Urteile, Vollstreckungsbescheide u.a.) auf Antrag des Gläubigers (Gläubigervertreters) zu vollziehen.

Bei seiner Tätigkeit übt er, falls erforderlich, öffentliche Gewalt in eigener Verantwortung aus.
Er untersteht als Beamter der Dienstaufsicht seines Amtsgerichts.

Der Gerichtsvollzieher ist an den Vollstreckungsantrag der Gläubiger gebunden.

Sein Aufgabengebiet ist:

a) Beitreibung titulierter Forderungen, Gewährung von Ratenzahlungen (gütliche Erledigung - mit Einverständnis des Gläubigers)

b) Abnahme der Vermögensauskunft (früher Offenbarungseid, eidesstattliche Versicherung)

c) Zustellung von Lohn- und Kontopfändungsbeschlüssen

d) Zustellung von Willenserklärungen (ohne beleidigenden Inhalt)

e) Durchführung von Zwangsräumungen

f) Durchführung von Verhaftungen (Erzwingungshaft)

g) Wegnahme von Personen (z.B. Kindeswegnahmen) und Sachen

h) Pfändung und Versteigerung von beweglichen Sachen

i) Wechsel- und Scheckproteste

j) Einholung von Auskünften bei Drittstellen (Deutsche Rentenversicherung, Kraftfahrt-Bundesamt, Bundeszentralamt für Steuern, Einwohnermeldeamt)

2 Einleitung

Vorbei! 45 Jahre im Staatsdienst und davon 38 Jahre als Gerichtsvollzieher tätig. Das ist jetzt Vergangenheit! Ein tolles Gefühl! Ein neues Leben! Darüber bin ich sehr froh! Gerade in diesen Corona-Zeiten sind viele Familien und Selbstständige in eine schwierige Situation geraten. Durch Arbeitslosigkeit, Kurzarbeit, Krankheit oder fehlende Aufträge können häufig die laufenden Zahlungsverpflichtungen nicht mehr eingehalten werden. Viele Firmen und Personen sind sicherlich jetzt in eine finanzielle Schieflage geraten. Konflikte und Spannungen mit Gerichtsvollziehern sind deshalb öfter zu erwarten.

„Ich will Gerichtsvollzieher werden", beantwortete ich die Frage nach meinen beruflichen Plänen beim ersten Date mit einem Mädchen.
„Wie kann man das nur werden wollen?", meinte sie erstaunt. „Nun ja, du hast schon recht! Das ist kein alltäglicher Job!"

So erzählte ich ihr von meinem Onkel Georg, der Gerichtsvollzieher in einer Stadt östlich von München war. Mir gefiel damals seine Art, mit den Leuten umzugehen. Er wurde als Respektsperson akzeptiert und konnte sich seine Arbeitszeit selbst einteilen. Das schien mir alles sehr verlockend! Nachdem ich dem Mädchen gegenüber all diese Vorteile geschildert hatte, merkte ich, wie es in ihrem Kopf arbeitete. „Passt so ein Typ zu mir, einer angehenden Erzieherin?", dachte sie wohl zweifelnd.

Sechs Jahre später war sie meine Frau und hängte ihren Beruf als Erzieherin in einem Münchner Kindergarten an den Nagel, um mich zu unterstützen. Am letzten Tag meiner schriftlichen Prüfung zum Gerichtsvollzieher, an einem Freitagnachmittag, bewahrheitete sich allerdings das Sprichwort „Es ist nicht alles schön, was glänzt!"

Als ich nach der letzten Fünf-Stunden-Klausur meinen Stift niederlegte, verkündete mir der Leiter der Prüfungskommission: „Herr Kraglbinder, Sie fangen am kommenden Montag bis auf Weiteres in einer netten Kleinstadt als Gerichtsvollzieher an!"

Das war ein Riesenschock! Meine Frau und ich wollten als Jungvermählte, nach meinem Prüfungsstress, in die wohlverdienten Flitterwochen nach Italien starten. Der Urlaub war somit hinfällig. So entschieden wir uns schweren Herzens, zu Hause zu bleiben und an meinem neuen Einsatzort erst einmal eine Wohnung zu suchen. Und das musste schnell gehen, denn der Bezirk meines Vorgängers war seit mehr als drei Monaten, wegen seiner Pensionierung, nicht mehr besetzt. Viel Geld wollten wir für unsere neue Bleibe nicht investieren. Die Länge unseres Arbeitslebens in dieser Kleinstadt im Allgäu war ja ungewiss! Was würde uns wohl dort erwarten?

Notfalls werde ich halt im Amtsgerichtsgarten ein Zelt aufstellen, um meine Sprechzeiten für meine Kundschaft abzuhalten, rumorte es in mir. Wie stellen die da oben sich das überhaupt vor?, fragte ich mich wütend: Wohnungs- und Bürosuche, Umzug, zwölf Wochen Rückstände aufarbeiten in einem mir völlig unbekannten Bezirk!

Gott sei Dank war uns wenigstens mein Vorgänger bei der Wohnungssuche behilflich. Er kannte als Gerichtsvollzieher eine Menge Leute. Darunter war der Hausverwalter einer großen Wohnanlage in dieser Stadt. Ein Anruf von ihm genügte, und wir waren innerhalb von zwei Tagen die neuen Mieter einer großen Dreizimmerwohnung, allerdings in dem verrufensten Mietshaus der Stadt. Drei Schuldner wohnten nur ein paar Wohnungstüren weiter und ein anderer einen Stock höher, den ich demnächst auch noch zwangsräumen musste.
„Bringen Sie ein großes Schild mit Ihrer Dienstbezeichnung, am besten noch gleich am Hauseingang, an", meinte noch der Hausverwalter. Schließlich sollte ich zur „Abschreckung" in diesem Hause dienen. Die Kosten hierfür wollte er übernehmen.
Meine Frau und ich beschlossen, unsere kleine, gemütliche Wohnung, ca. 100 km vom Einsatzort entfernt, trotzdem zu behalten, um uns dort am Wochenende zu erholen. So vermieden wir einen großen Umzug für eine unbestimmte Zeit.

Im Wohnzimmer lagerten wir ca. 11000 erledigte Akten unseres Vorgängers ein. In der Küche stellten wir einen alten geschenkten Kühlschrank sowie unsere Campingstühle auf. Ein Umzugskarton ersetzte uns einen Schrank. In ihm waren die wichtigsten Kochutensilien und das Geschirr untergebracht. Auf zwei Elektroplatten am Boden bereiteten wir uns kleine Mahlzeiten zu. Für das Schlafzimmer hatten wir uns zwei Gästeliegen von der Verwandtschaft ausgeborgt. Ein Wäscheständer diente uns als Kleiderschrank und das Kinderzimmer wurde zum Büro umfunktioniert. Es war der einzig vollständig eingerichtete Raum mit den geschenkten Altmöbeln meines Vorgängers.
So begann mein Einstieg in das Arbeitsleben als Gerichtsvollzieher.

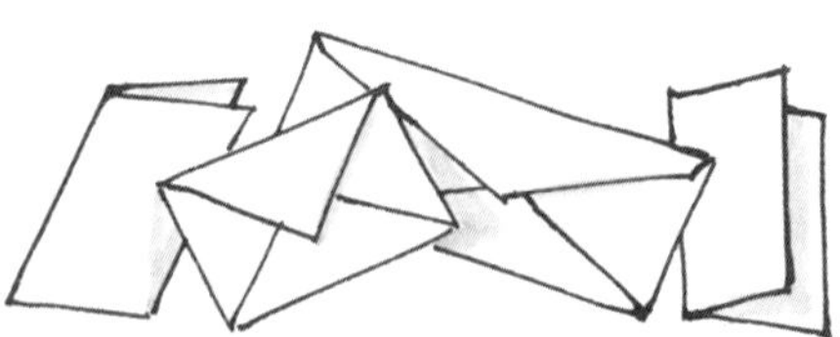

Viel Nennenswertes gibt es über diese Zeit nicht zu erzählen. Zu meinen neuen Aufgaben zählte auch das Anlernen einer Schreibkraft. Meine Frau, die zuvor ihren Job gekündigt hatte, bemühte sich sehr, sich als meine Sekretärin zurechtzufinden. Neben dem Schreibkram musste sie auch den Umgang mit meiner Kundschaft lernen. Ich kann mich noch gut an den Besuch meiner ersten Schuldnerin erinnern. Es ging dabei um die Versteigerung eines Vorwerk-Staubsaugers, den noch mein Vorgänger gepfändet hatte. Die Versteigerung konnte nur noch durch Zahlung des Gesamtbetrages abgewendet werden. Drei Tage vor dem Termin zur Verwertung des Pfandgegenstandes erschien die ca. 45-jährige Schuldnerin in meinem Büro. Sie reichte uns mit einer Leidensmiene die Hand und begrüßte uns tränenreich. „Sie sind also der neue Gerichtsvollzieher! Der Vorgänger von Ihnen war ja so nett und einfühlsam."

Dagegen beklagte sie sich über den unmenschlichen Gläubiger, jammerte über die viele Arbeit mit ihren fünf Kindern, die alle ganz viel Schmutz machten. Das Furchtbarste für sie wäre die Versteigerung des Staubsaugers. Sie flehte mich mit rotgeweinten Augen an, den Termin zu verschieben, weil sie spätestens in einer Woche die gesamte Forderung begleichen würde. Als ich meiner Ehefrau einen Blick zuwarf, war mir schon klar, dass ich das Inserat in der Zeitung zurücknehmen musste, wenn ich keinen Ehekrieg riskieren wollte. So ließ ich mich mit einem unguten Gefühl erweichen und setzte den Termin grundlos ab. Doch auch zwei Wochen später wurde der Pfandgegenstand bei mir nicht ausgelöst. Von meinem Vorgänger habe ich später erfahren, wie auch er von ihr ausgetrickst worden ist. So hatte die Schuldnerin einmal bei der Zeitung angerufen und sich als Angestellte des Gerichtsvollzieherbüros ausgegeben, um ein zuvor aufgegebenes Inserat zu stornieren. Jedenfalls erhielt meine Ehefrau für die Zukunft die Anweisung, mein Büro bei Schuldnerkontakt zu verlassen. Schließlich wurde der Staubsauger doch noch versteigert und ich war um eine Erfahrung reicher.

Zu den guten Erinnerungen an diese Zeit zählt die entstandene Freundschaft mit einem Kollegen und dessen Ehefrau. Diese hatten uns einmal wöchentlich zu einer Brotzeit in ihrem Haus

eingeladen. Ihre Gastfreundschaft, ihre Kollegialität und vor allem ihr Humor machten uns das Leben hier um einiges erträglicher. Für weitere Freundschaften fehlte uns schlichtweg die Zeit. Damals standen uns keine Computer zur Verfügung. So musste beispielsweise das Dienst- und Namensregister noch händisch von meiner Frau geführt werden. Mit dem Taschenrechner wurden die Gläubigerforderungen nebst Zinsen und Kosten berechnet. Und wehe, die Kasse stimmte einmal nicht!

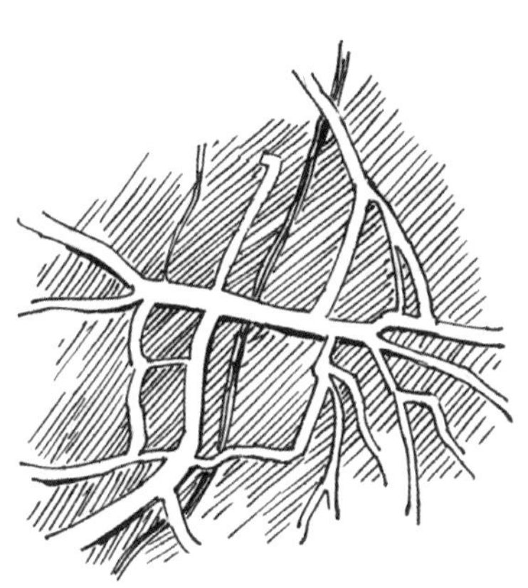

Dann mussten oft riesige Zahlenkolonnen nachgerechnet werden, um den Fehler zu finden. Das konnte schon einmal mehr als eine Stunde dauern. Trotzdem gelang es uns durch erhebliche Überstunden, die Rückstände in fünf Monaten aufzuarbeiten. Im Bezirk fand ich mich inzwischen, dank meiner Ehefrau als Beifahrerin, gut zurecht. Außerdem war sie fit beim Lesen der Orts- und Stadtpläne und konnte mich dadurch gut navigieren.

Nach insgesamt einem halben Jahr wurde ich dann an einen neuen Einsatzort abgeordnet. Hier war ein junger Kollege schwer erkrankt. Dadurch hatten sich viele Rückstände an offenen Aufträgen angestaut. Nur das Nötigste und die eiligen Verfahren wurden bearbeitet. Das Gute an dem neuen Arbeitsplatz war, dass wir das Büro des erkrankten Kollegen übernehmen konnten. Den Anfahrtsweg dorthin, etwa 50 km, konnten wir täglich von unserer alten Wohnung aus bewältigen.

Nach mehreren Wochen harter Arbeit hatten wir das Schlimmste überstanden. Dann mussten wir eine neue Entscheidung treffen: Der erkrankte Gerichtsvollzieher, den ich leider nie kennenlernen konnte, ist gestorben.

Kurz nach der Beerdigung wurde ich gefragt, ob ich mir vorstellen könnte, hier am Ort zu bleiben. Meine Frau und ich entschieden uns, ohne groß zu überlegen, dafür.

Uns gefiel die reizende Kleinstadt, die Kollegen waren sehr nett und die Mietpreise nicht mit München zu vergleichen. Außerdem wollten wir endlich mit der Familienplanung beginnen. Wir haben eine neue renovierte Wohnung in der Altstadt angemietet und die alte Wohnung endgültig aufgegeben. Als wir unser erstes Kind erwarteten, kauften wir uns eine Doppelhaushälfte in der Nähe unseres Dienstortes. Die Büroräume für die Sprechzeiten in der Stadt teilte ich mit einem Kollegen. Zu Hause erledigten meine Frau und ich den größten Teil der täglich anfallenden Schreibarbeit.

Die aufregendsten Geschichten als Gerichtsvollzieher erlebte ich in diesem Amtsgerichtsbezirk. Davon möchte ich jetzt einige erzählen, gewürzt mit ein paar Anekdoten aus meiner Familie.

Aus datenschutzrechtlichen Gründen sind die Namen der Schuldner und Gläubiger frei erfunden, die betreffenden Ortschaften und auch meine Dienstorte werden nicht namentlich genannt.

3 Ein beschissener Tag

Den fünften Tag in Folge saß ich nun frustriert vor dem ersten Computer meines Lebens zu Hause in meinem Büro. Ich hatte vorher noch nie mit dieser neuen Technik zu tun gehabt.
Ein befreundeter Arbeitskollege aus München, der mit mir die Ausbildung als Gerichtsvollzieher absolviert hatte, beschwatzte mich, doch endlich mit der Zeit zu gehen und mir auch so ein Gerät anzuschaffen. Er war einer der ersten Gerichtsvollzieher, der mit einem PC arbeitete. Damals verwendete man noch das Betriebssystem DOS, und die Entwicklung eines Programms, speziell für Gerichtsvollzieher, steckte noch in den Kinderschuhen. Enthusiastisch schilderte er mir all die Vorteile, die eine gewaltige Zeitersparnis und damit Erleichterung für mich und meine Schreibkraft bringen sollten.

Nach einer kurzen Einweisung hatte ich also dieses vielgepriesene Monster in meinem Büro stehen und hätte es liebend gerne mehrmals täglich aus dem Fenster geworfen. Meine Laune an diesem Tag war deshalb wieder einmal auf dem Tiefpunkt gelandet, da schon wieder nichts so funktionierte, wie es eigentlich sollte.

„Sofort raus hier, sonst schlag ich das Ding noch kaputt!" Ich packte frustriert meine Außendiensttasche und fuhr mit meinem Motorrad, etwas früher als notwendig, zu einem mit einer Schuldnerin vereinbarten Termin. Die Maschine hatte ich vor ein paar Wochen von einem Bekannten günstig gekauft. Es war eine alte Honda four, Baujahr 1972, mit dem Sound einer Harley Davidson. Die Fahrt würde mich etwas abkühlen, meine Nerven beruhigen und von dem blöden Computer ablenken. Das Wetter an diesem Tage war einfach traumhaft schön und ich genoss die Fahrt zum Anwesen der Schuldnerin, mit der ich bisher nur telefoniert hatte.

Dort angekommen, stellte ich die Maschine neben der Garageneinfahrt ab und betätigte die Hausglocke. Eine etwa 40-jährige Frau öffnete mir mit einem fragenden Blick die Tür.

„Sind Sie Frau Klein?" Sie bejahte dies, ich zeigte ihr meinen Dienstausweis und betrat nun eine vollgestopfte, unaufgeräumte Küche. Von den Deckenbalken hingen Kräuterbündel, auf dem Kühlschrank entdeckte ich ein altes Vogelnest. Auf den Fensterbänken lag eine Vielzahl von angestaubten Muscheln und Flusskieseln. Meine Frau würde diese Küche als Fall für einen Haushalts-Notdienst bezeichnen. Kein Wunder, dass bei so einem Chaos mal eine Rechnung verschwindet. Auf den Ablagen der Küche und im Spülbecken türmte sich benutztes Geschirr. Der Esstisch war noch voller Frühstücksgeschirr und Bröseln. Die Schuldnerin musste erst Platz für eine Schreibgelegenheit schaffen. Ich legte mein Protokoll und den Vollstreckungstitel auf den Tisch und gewährte Frau Klein Einsicht in meine Unterlagen. Als sie jedoch nach dem Titel greifen wollte, stieß sie aus Unachtsamkeit gegen ihre Kaffeetasse und das Gebräu ergoss sich über meine amtlichen Dokumente. Nach hektischem Abtupfen mit einem Tuch konnte man nur noch die wichtigsten Zahlen erkennen.

Super!, dachte ich, hoffentlich kann sie die Forderung auch bezahlen, sonst würde ich eine zweite Ausfertigung des Vollstreckungsbescheides, der nahezu unleserlich geworden war, benötigen.
„Können Sie den geforderten Betrag mit Kosten und Zinsen begleichen?", fragte ich genervt und zeigte ihr mein Protokoll vor.
„So viel Bargeld habe ich natürlich nicht zu Hause. Ich muss erst zur Bank in den Nachbarort fahren!", war die Antwort.
Erleichtert wegen ihres Zahlungswillens, verließ ich gemeinsam mit ihr das Haus. Frau Klein stieg in ihren Pkw und ich eilte zu meinem Motorrad. Doch kurz bevor ich mein Bike erreicht hatte, streifte die Schuldnerin beim Herausfahren aus der Garage mein Gefährt, das mit einem lauten Rums auf das Pflaster fiel. Ich stellte meine Maschine, die glücklicherweise heil geblieben war, wieder auf und folgte Frau Klein. An der Bank übergab sie mir dann den geschuldeten Betrag.
Nahezu zeitgleich flitzte ein streunender Hund um die Ecke und pinkelte doch tatsächlich den Hinterreifen meines Motorrades an - und leider stand ich ganz ungünstig zum Wind und bekam einen Teil der Notdurft ab! Wutentbrannt versuchte ich nun meine Aktentasche zu öffnen, um das Geld zu verwahren und eine Quittung auszustellen. ‚Das darf doch nicht wahr sein! Das ist ja wie verhext heute!', dachte ich verzweifelt. Das Schloss klemmte! In der Bank händigte man mir hilfsbereit einen Schraubenzieher aus und schließlich gelang es mir mit roher Gewalt, an den Inhalt meiner Tasche zu kommen. Nun, das Schloss war hinüber, aber der Auftrag erfolgreich erledigt, tröstete ich mich. Mit einem Expander zurrte ich die Aktentasche auf dem Gepäckträger fest, um zurück in mein Büro zu fahren. Doch dieser Tag hatte noch mehr Schrecken zu bieten.
Auf dem Rückweg wollte ich noch einen größeren Geldbetrag auf mein Dienstkonto bei meiner Bank einzahlen und Verrechnungsschecks zur Einlösung abgeben, die ich Stunden zuvor von einer Firma zur Begleichung einer großen Forderung erhalten hatte. An meinem Geldinstitut angekommen, bemerkte ich jedoch, dass meine Aktentasche nicht mehr da war! Nun bekam ich es mit der Angst zu tun. Von der Tasche fehlte jede Spur, der Expander hing lose herunter. Wie leicht hätten

sich die Enden dieses Teils während der Fahrt ins Hinterrad verheddern können! Mir wurde ganz schlecht bei diesem Gedanken. Meine Frau Witwe, meine Kinder Halbwaisen und das Haus noch nicht ganz abbezahlt, ging mir durch den Kopf. Glück gehabt! Aber wo war jetzt die Tasche? Zu Fuß machte ich mich auf den Weg zurück, um nach dem verlorenen Gepäckstück zu suchen. Der Angstschweiß lief mir in Strömen herunter. Die Sonne schien unbarmherzig heiß, als ich - mit einer Lederjacke bekleidet und den Helm in der Hand - am Straßenrand entlangging. Hinter jedem Busch vermutete ich die Tasche.
Plötzlich fuhr ein Auto langsam neben mir her. Ein mir als unangenehmer Zeitgenosse bekannter Schuldner hielt an, öffnete sein Seitenfenster und fragte spöttisch: „Herr Kraglbinder, wissen Sie denn nicht, dass Schwammerl nur im Wald und nicht hier im Straßengraben wachsen?" Ich winkte ihm nur ärgerlich ab und forderte ihn ungeduldig zur Weiterfahrt auf.
Etwa 15 Minuten später sehe ich etwas Dunkles in einem Maisfeld liegen. Das könnte sie sein! Oje, die Akten waren wegen des defekten Schlosses aus der Mappe gefallen und hatten sich im Umkreis von circa zwei Metern verteilt. Der Dienstgeldbeutel mit den Schecks lag Gott sei Dank daneben. Nun, da hatte ich wirklich Glück im Unglück! Wie sehr freute ich mich jetzt auf eine Tasse Kaffee bei mir zu Hause. Als ich in unsere Straße einbog, sah ich noch unseren Sohn um die Ecke flitzen. Anscheinend wollte er zu seinem Freund ins Nachbarhaus. ‚Aha! Da hat er Mutter wohl wieder weichgekocht!', dachte ich mit einem Blick auf die Uhr. Eigentlich hätte er erst gegen 15 Uhr nach den Hausaufgaben zu seinem Freund gedurft. Dies war mit dessen Eltern so vereinbart, die erst täglich um 17 Uhr von der Arbeit heimkamen. „Uschi!", rief ich, „warum geht unser Sohn schon jetzt um halb drei zu Sebastian?" Meine Frau kam vom Büro die Treppe heruntergeeilt. „Wieso, es ist doch schon längst drei!", rechtfertigte sie sich und zeigte auf die Küchenuhr und die Standuhr im Wohnzimmer.
„Da hat dieser Bengel doch einfach die Uhren vorgestellt!", rief ich empört und deutete auf meine Armbanduhr. „Aber das ist mir jetzt

auch egal! Ich brauch jetzt einen Kaffee und dann erzähl ich dir, wie beschissen dieser Tag heute für mich war!"

Ein paar Monate später habe ich mein Motorrad für den Verkauf inseriert. Drei Jahre danach schaffte ich mir ein Audi 80 Cabrio an, um mir den Außendienst zu versüßen.

4 Ein schöner Saustall

An diesem Tag musste ich vormittags noch eine Schuldnerin im östlichen Teil unserer Stadt aufsuchen. Frau Binder sollte eigentlich morgens um acht Uhr im Amtsgericht zur Abgabe des Offenbarungseides erscheinen. Damals, vor sehr vielen Jahren, musste noch die Aufnahme der Vermögensverhältnisse beim Rechtspfleger des jeweiligen Amtsgerichts erfolgen. Nachdem ich dort vergeblich auf sie gewartet hatte und wegen einer Baustelle in der Innenstadt wieder einmal im Stau stand, war ich nicht gerade in Hochstimmung, als ich mich, mit einem zivilrechtlichen Haftbefehl in der Tasche, auf den Weg zu ihr machte. Erst nach dreimaligem Läuten an der Eingangstür des sechsstöckigen Mietshauses - ich erkannte sogleich am mürrischen Tonfall die Schuldnerin - ertönte es grantig aus der Sprechanlage: „Wer is draußn? I hob jetzt koa Zeit!" „Frau Binder, hier ist der Gerichtsvollzieher! Machen S' bitte sofort auf, sonst kriegen Sie Ärger mit mir!"
Der Türöffner begann zu summen und ich stieg mit meiner schweren Aktentasche die Treppen zum dritten Stock hinauf. Nachdem ich leicht außer Atem an der Wohnungstür geklopft hatte, schaute Frau Binder durch den Türgucker.
„Jetzt machen S' schon endlich auf!", forderte ich sie ungeduldig auf. Endlich wurde die Tür zaghaft einen Spalt weit geöffnet. Entschlossen drückte ich sie ganz auf. Vor mir stand die gute Frau im Schlafanzug und barfuß in alten Filzschlappen, aus denen jeweils der große Zeh vorwitzig herauslugte. Ihre kurzen fettigen Haare standen in allen Richtungen weg. „Mir geht's heut gar nicht gut! Ich war bis jetzt im Bett", jammerte sie. „Ja, das seh ich", antwortete ich unbeeindruckt. „Frau Binder, Sie haben mich bereits zum zweiten Mal versetzt. Nun steh ich da mit einem Haftbefehl! Meine Geduld ist jetzt wirklich zu Ende! Ziehen Sie sich an und dann fahren Sie mit mir zum Amtsgericht!"
Ich forderte sie noch auf, alle erforderlichen Unterlagen mitzunehmen, damit das Vermögensverzeichnis auch vollständig ausgefüllt werden

könnte. Ungeduldig hielt ich ihr die Straßenschuhe entgegen und drückte sie ihr in die Hand. „Los geht's, sonst gehn wir barfuß!"
Nach einer gefühlten Ewigkeit kam sie endlich angezogen aus dem Schlafzimmer. Um das Ganze zu beschleunigen, half ich ihr noch in den Mantel und endlich machten wir uns auf den Weg zu meinem Auto. Ungeduldig warf ich immer wieder einen Blick nach hinten.
„Wo bleiben S' denn?" Doch Frau Binder jammerte: „Ich kann nicht so schnell! Meine Knie tun so weh! Ich glaub, ich muss mich jetzt hinsetzen!"
„Jetzt kommen S' doch endlich, ich hab wirklich keine Zeit mehr", drängte ich. „Im Amtsgericht können S' von mir aus den ganzen Tag sitzen bleiben."
Um schneller vorwärtszukommen, stützte ich sie, und endlich erreichten wir die Beifahrertür meines Wagens. Doch als ich mein Auto aufsperrte, nutzte Frau Binder die Gelegenheit zur Flucht! Nie im Leben hätte ich damit gerechnet. Doch genau das war passiert: Laut schreiend lief sie davon: „Zu Hilfe, ein Überfall!"
Schimpfend warf ich meine Aktentasche auf den Rücksitz und mich hinters Steuer, um die Verfolgung aufzunehmen. Vor lauter Aufregung gelang es mir aber erst beim zweiten Versuch, das Auto zu starten. Mittlerweile war die Flüchtige schon 20 Meter weitergelaufen. In den oberen Stockwerken der Wohnanlage öffneten sich bereits einige Fenster wegen des großen Geschreis. Und jetzt verschwand Frau Binder auch noch in einem anderen Haus. Mit einer Vollbremsung stoppte ich mein Auto und spurtete ihr hinterher. Doch im Treppenhaus fand ich keine Spur von ihr. Nicht ein Laut war mehr zu hören. Was also tun? So ein Aufwand für nichts! Ich ärgerte mich maßlos und fuhr gefrustet heim, zum Mittagessen.

„Nimmt denn der Ärger heute gar kein Ende mehr?" Kaum betrat ich unseren Garten, als ich meine älteste Tochter nach ihren Malstiften brüllen hörte. Aha!, der Sohnemann versuchte mal wieder, seine Schwester zur Weißglut zu bringen. Das war eine seiner Lieblingsbeschäftigungen. Nichts wie rauf ins Büro, und das möglichst ungesehen. Ich war momentan einfach psychisch nicht in der Lage, bei dem Streit einzugreifen.

Etwa zehn Minuten später, nach einem wichtigen Telefongespräch, hörte ich draußen mehrmals ein Auto hupen. Genervt schaute ich aus dem Fenster. Das Gartentor stand weit offen und unser Sohn hinderte eine Autofahrerin an der Weiterfahrt. In dem Fahrzeug saß eine Anwohnerin aus unserer Straße. Marcel, drei Jahre alt, ließ sich von der Huperei nicht irritieren. Unbeeindruckt zog er seine Hose runter und pinkelte mit weitem Strahl kurz vor das Auto. Erst dann machte er in aller Ruhe Platz und ließ die Nachbarin passieren. Diese schüttelte nur den Kopf und grinste. Schließlich musste ich auch lachen, so dass der Ärger und die Anspannung dieses halben Arbeitstages erst einmal von mir abfielen. Kurz darauf habe ich die Polizei für den nächsten Tag um Unterstützung bei der Verhaftung von Frau Binder gebeten.

Am folgenden Tag fuhr ich also, gefolgt von zwei Polizeibeamten, zum Haus der Schuldnerin. Diesmal läutete ich nicht bei Frau Binder, sondern bei anderen Hausbewohnern, um eingelassen zu werden. Schließlich sollte sie keinen Verdacht schöpfen. Nach mehrmaligem Klopfen an der Wohnungstür öffneten zwei Kinder, im Alter von zwei bis fünf Jahren, vorsichtig die Tür. „Servus, wir wollen eure Oma besuchen! Wo ist sie denn?" „Die war gerade noch da!", antworteten die zwei. Während die Polizisten die Kinder ablenkten, schaute ich mich schnell in der Wohnung um. Frau Binder war tatsächlich nicht da, anscheinend hatte sie doch Lunte gerochen.
„Ich glaube, die ist nicht weit! Wir tun jetzt so, als würden wir gehen! Sie bleiben in der Wohnung und ich gehe die Treppe hinunter. Dort warte ich, ob sich was tut", schlug ich den Beamten mit leiser Stimme vor. Mit einem lauten „Tschüss, Kinder, ich geh dann mal! Sagts der Oma einen schönen Gruß von Herrn Kraglbinder", ließ ich die Wohnungstür gut hörbar ins Schloss fallen und begab mich auf den Weg nach unten. Und tatsächlich, nach ca. drei Minuten hörte ich ein leises Tappen im Treppenhaus. Auch ich setzte mich hierauf auf leisen Sohlen nach oben in Bewegung. Dabei beobachtete ich die Schuldnerin, wie sie gerade strumpfsockig den Schlüssel ins Schloss steckte. Doch da

öffnete ihr schon ein Polizist die Tür. Ich klopfte ihr von hinten leicht auf die Schulter: „Auf geht's, Frau Binder, jetzt gemma!"
Völlig eingeschüchtert machte sie sich fertig für den Weg zum Amtsgericht. Die Polizisten zogen die Kinder an, denn wir konnten sie ja nicht alleine lassen. Dann ging es los, im Gänsemarsch die Treppe hinunter. Unterwegs kam uns die Mutter der Kinder mit vollen Einkaufstaschen entgegen. Entsetzt sah sie ihre Sprösslinge und ihre Mama in Begleitung der Polizei. Wir beruhigten sie, erklärten kurz die Lage und übergaben ihr erleichtert die Kinder. Anschließend wurde Frau Binder im Polizeiauto zum Amtsgericht gefahren. Dort begleiteten die Beamten und ich sie noch bis zum Amtszimmer des zuständigen Rechtspflegers. Um erst gar keine Fluchtgedanken aufkommen zu lassen, wich ich ihr auch im Zimmer nicht mehr von der Seite. Frau Binder wurde sodann belehrt, dass sämtliche Angaben richtig und vollständig zu machen seien, da sie sich ansonsten strafbar machen würde. Der Rechtspfleger fragte zunächst nach den Personalien und kurz darauf, ob sie eine Lebensversicherung habe. Hier blieb sie jedoch zunächst eine Antwort schuldig. „So, jetzt reicht's mir", meine Nerven lagen inzwischen blank. 20 Minuten quälten wir uns schon mit dem Ausfüllen des Verzeichnisses ab. „Am besten, wir fahren jetzt gleich in die Justizvollzugsanstalt, da haben Sie genügend Zeit zum Nachdenken, ob Sie eine Lebensversicherung haben!"
Und plötzlich konnte sich Frau Binder an Versicherungsverträge erinnern, die bei ihr daheim im Kühlschrank liegen könnten. Immerhin ein origineller Aufbewahrungsort!

Inzwischen war es 11.45 Uhr geworden, Zeit für mich, die Kinder vom Kindergarten abzuholen, da meine Frau zur gleichen Zeit einen Arzttermin wahrnehmen musste. Also nahmen Gerichtswachtmeister die Schuldnerin vorerst in Gewahrsam, bis ich wieder einsatzfähig wäre. Als ich 15 Minuten später auf dem Rückweg zu meiner Dienststelle war, blieb mir fast das Herz stehen. Aus einer Entfernung von etwa 50 Metern konnte ich beobachten, wie Frau Binder das Gebäude verließ und um die Ecke Richtung Altstadt bog.

„Das gibt's doch nicht! Dieses Weib bringt mich noch um den Verstand!", rief ich den Wachtmeistern zu. Fünf Minuten später wurde die Schuldnerin, die wild um sich schlug, dann wieder ins Dienstgebäude gebracht. Nun blieb mir nichts anderes übrig, als die Polizei erneut um Unterstützung zu bitten, und kurz darauf verfrachteten wir Frau Binder ins Polizeifahrzeug.
In ihrer Wohnung setzte ich mich völlig erschöpft auf einen Stuhl, während die Polizisten die Schuldnerin im Auge behielten. Aus dem Kühlschrank holte sie schließlich eine Plastiktüte voller ungeöffneter Kuverts und schüttete diese auf dem Küchentisch aus. Vor den verblüfften Polizisten und mir türmte sich ein Berg ungeöffneter Briefe. Wie es schien, war die Post seit mehreren Jahren nicht mehr geöffnet worden. Frau Binder meinte, dass in einer der Sendungen die gesuchte Police sein könnte. Doch jedes Mal, wenn wir dachten, nunmehr alle Briefe geöffnet zu haben, kam eine neue Tasche mit ungeöffneter Post aus verschiedenen Zimmern hinzu. Kopfschüttelnd öffneten wir über zwei Stunden lang die gesamten Briefsendungen - ohne Erfolg. Die Police war nicht zu finden. Hierauf ersuchte ich die Schuldnerin, uns erneut ins Amtsgericht zu begleiten. Es gab jetzt nur noch die Möglichkeit, an Eides statt zu versichern, dass sie keine Lebensversicherung habe, oder aber die sofortige Unterbringung in der Justizvollzugsanstalt.
„Nein, bloß nicht ins Gefängnis, wahrscheinlich hab ich gar keine Lebensversicherung abgeschlossen", bekam ich zur Antwort. Wir waren schon auf dem Weg zum Fahrzeug, als Frau Binder einfiel, noch eine Tasche voller Post im Keller zu haben!
„Träum ich das jetzt oder ist das Wirklichkeit", stöhnte einer der Beamten. „Ja, ich bin jetzt auch reif für die Insel!", pflichtete ich ihm bei. So machten wir uns erneut an die Arbeit, mit dem Unterschied, dass die Briefe noch älteren Datums waren als die zuvor geöffneten. Und wieder nichts, keine Police weit und breit. Hierauf fuhren wir zurück zu meiner Dienststelle.
Dort angekommen, ergriff Frau Binder erneut die Flucht, diesmal in Richtung Sitzungssäle. Dort war gerade eine Verhandlungspause. Die Parteien nutzten diese zu Gesprächen mit ihren Anwälten. Laut jam-

mernd und zitternd packte die Schuldnerin einen Anwalt am Arm. Dieser wusste gar nicht, wie ihm geschah. Beruhigend redete er auf Frau Binder ein. Diese zeigte aufgeregt auf mich, da ich inzwischen wieder die Verfolgung aufgenommen hatte. „Bitte, helfen Sie mir!", flehte sie den Anwalt an, „der Mann ist schon den ganzen Tag hinter mir her!" Noch ehe der Rechtsanwalt und ich reagieren konnten, waren bereits die Wachtmeister zur Stelle und brachten die aufgebrachte Schuldnerin ins Zimmer des Rechtspflegers. Mit böser Miene setzte sie endlich ihre Unterschrift unter das Vermögensverzeichnis.

„Entspricht nun hier alles der Wahrheit?", fragte der Rechtspfleger. Wir hielten alle gespannt den Atem an.

„Ich hab noch nie nicht die Unwahrheit gesagt!", empörte sich Frau Binder.

„Na gut, dann sind wir erst mal fertig!", verkündete ich erleichtert.

Mit einem „Auf Wiedersehen, die Herren!" stapfte sie aus dem Raum.

„Hoffentlich nicht!", antworteten wir, wie aus einem Munde.

5 Der Gerichtsvollzieher-Stammtisch

Einmal im Monat traf ich meine Kollegen und Kolleginnen beim Stammtisch, immer wieder in einer anderen Gaststätte des Landkreises. Dabei war natürlich unsere Arbeit Hauptgesprächsthema. Gegenseitig warnte man sich beispielsweise vor Schuldnern, die von einem Gerichtsvollzieherbezirk in den anderen gewechselt hatten. So erhielt man wertvolle Hinweise und Informationen über die Zuverlässigkeit, die Gemütslage, die Vermögensverhältnisse oder das Temperament eines Schuldners. Entscheidungen von Vollstreckungsgerichten, Anträge von Anwälten, Beanstandungen des Prüfungsbeamten und vieles andere haben alle Teilnehmer heiß diskutiert. Aber es wurden auch leidvolle oder witzige Geschichten über unsere „Kundschaft" erzählt. Kurzum, die Abende waren nie langweilig.

Heute war wieder so ein Treffen. Ich war schon spät dran. Mit meiner Frau musste ich aber noch wichtige Zustellungen in unserem häuslichen Büro vorbereiten. Bei gekipptem Fenster hörten wir draußen am Ende unserer Straße, die eine Sackgasse war, unsere Kinder und deren Freunde lärmen. In diesem verkehrsberuhigten Straßenabschnitt hatten die Jungs und Mädels in ihrem Spiel viel Freiheit. Es wurde geklingelt, gehupt und „aus der Bahn!" geschrien, als sie mit ihren Dreirädern, Kettcars und Traktoren auf den mit Malkreiden aufgezeichneten Linien entlangkurvten.

Nach einer Weile änderte sich die Geräuschkulisse jedoch auf einmal. „Wum, wum!", ertönte es! „Höher, höher", riefen die Kindern anfeuernd. Nichts Böses ahnend, riskierte ich nun doch einen Blick aus dem Fenster. „Das darf doch nicht wahr sein!" Unser Sohn benutzte das Dach meines neuwertigen Polos als Trampolin und versuchte, immer noch höher zu springen! „Na warte!" Im Laufschritt spurtete ich die Treppe herab aus dem Haus und zerrte den Schlingel vom Auto herunter. „Für den restlichen Nachmittag hast du Hausarrest, und wehe, du bewegst dich noch einen Schritt aus dem Haus!", schimpfte ich erbost. Das Autodach hatte jetzt eine schöne Delle bzw. Kuhle.

Kopfschüttelnd machte ich mich wieder an meine Schreibarbeiten und verließ dann zwei Stunden später das Haus, aber nicht, ohne Marcel einen grimmigen Blick zuzuwerfen.
Etwas später saß ich dann entspannt mit meinen GV-Kollegen am Tisch und ließ mir das Essen schmecken. Danach las ich ihnen ein amüsantes Schreiben vor:

Liebe Frau,
was fällt Ihnen ein, meine Mutter am Telefon zu Tränen zu quälen! Wegen dem Klavierspiel? Schämen Sie sich nicht!? Wo Sie selbst so hochmusikalische Kinder haben! Sie Neidhammel, Sie dreckiger! Hätten Sie seinerzeit die uralte Frau aus der Wohnung Blumenstraße, die etwa 50 Jahre Miete hineingezahlt hat, nicht so schändlich herausluxussaniert, dann bräuchten Sie jetzt mein Geklimper auch nicht anhören. Aber ich habe gar nicht geklimpert, das war heute Beethovens Mondschein-Sonate. Und die ist keine Ruhestörung! Machen Sie sich doch nicht lächerlich, Mozarts Adagio Amoroso Pianissimo als Ruhestörung zu bezeichnen! Ihnen ist langweilig, Sie faule Sau, suchen Sie sich eine Arbeit!!! Merken Sie sich das!!! Ich bin mehr wert, als 4 Millionen Arbeitslose und 7 Millionen Sozialhilfe-Empfänger, wenn ich am Tag nur eine einzige Bachfuge musiziere. Lassen Sie sich von Mozart „am Arsch lecken" - Herzlichst, Ihr Mozart forever!!

Dann erzählte ich noch von meiner Begegnung am Samstagvormittag an einem Gemüsestand in der Fußgängerzone:
Ich stand wartend in einer längeren Schlange an einem Gemüse- und Obststand an, als ein Mann versuchte, sich vorzudrängeln. Die Marktfrau bediente gerade eine Kundin und wog Tomaten ab, als der Mann sie unterbrach. „Sie, wo kommen denn die Äpfel her? Sind das deutsche oder sind die aus Südtirol?" Dabei nahm er verschiedene Früchte in die Hand und drehte sie mehrfach um. „Ja, und die Kartoffeln, sind das wirklich die Sieglinde?", wollte er wissen, obwohl dies auf dem Schild deutlich zu erkennen war. Inzwischen hatte ich diesen Kunden, welcher mir den Rücken zudrehte, an der Stimme erkannt.

Nun aber wurde die Marktfrau richtig grantig. „Stell'n Sie sich, wie alle anderen, hinten an!", fauchte sie. Der Mann warf den Apfel, den er gerade untersucht hatte, zurück und verließ den Stand. Die Verkäuferin rief darauf so laut, dass er es auch noch hören musste: „Wenn der Depp des as nächste Moi wieda so macht, hau i ihm richtig auf d' Finger!" Die anstehenden Kunden pflichteten der Verkäuferin bei.
Als ich dann an der Reihe war, mahnte ich sie zur Vorsicht. „Halten sie sich in Zukunft mit ihren Äußerungen ein wenig zurück! Das war nämlich der Vorstand d..." Die prompte Antwort der Frau machte mir deutlich, dass sie von dieser Information nicht im Geringsten beeindruckt war. „Des is mir scheißegal! Der Idiot macht des fast jede Woch'! Und gekauft hat er bei mir in den letzten zwoa Jahr'n vielleicht drei Äpfel und a Kilo Kartoffeln."

Meine Kollegen und Kolleginnen fragten mich, ob ich nicht noch eine nette Geschichte über meinen Sohn erzählen möchte. Da fiel mir folgende Anekdote ein:
Es ist Muttertag. Wir sitzen bei traumhaftem Wetter auf der Terrasse in unserem Garten. Zuvor hat unsere älteste Tochter liebevoll das Frühstück vorbereitet. In einer Vase auf dem Tisch stehen von ihr selbst gepflückte Wiesenblumen. Eigentlich wollte unser Sohn seiner Schwester beim Herrichten des Tisches helfen, aber wie so oft ist er mal wieder, knapp vor dem Ereignis, mit dem Einpacken seines Geschenkes beschäftigt. Wir sitzen schon länger am Tisch und fragen immer wieder nach, wie lange er noch braucht. Kurz darauf, ich glaube, es war die dritte Anfrage, schwebt Marcel freudestrahlend herbei und übergibt sein Muttertagsgeschenk, zwar etwas schlampig eingepackt, doch sicherlich von Herzen, meiner Frau. Wie ist es doch schön für eine Mutter, an diesem Tag besonders bedacht zu werden, lässt sie uns wissen.
Voller Spannung öffnet meine Frau die Dose und entdeckt ca. 20 bis 30 Zettel, sauber zusammengerollt, wie kleine Lose. Hierauf meine Frau: „Schau mal, was haben wir doch für einen kreativen Sohn, er macht es unheimlich spannend mit seinem Geschenk." Dabei fragt sie mich ganz leise, was eigentlich damals, vor sehr vielen Jahren, ich im Alter

von 12/13 Jahren meiner Mutter zum gleichen Anlass überreicht habe? Ich hierauf: „Ein Bügeleisen! Aber jetzt konzentriere dich lieber auf die Zettel und schau, was alles draufsteht!"
Nach zehn Nieten kommt endlich einer mit einem längeren Text wie folgt: ‚2 Stunden Englischvokabeln lernen!', nach weiteren fünf Nachrichten, dass meine Frau nichts gewonnen hat, kommt nunmehr der Hauptgewinn: ‚1 mal Zimmer aufräumen!' Verstohlen sage ich zu meiner Frau: „Ich würde mich darüber noch nicht richtig freuen, er hat ja nicht angegeben, in welchem Jahr er die Lose einlösen will."

Und dann fiel mir noch eine peinliche Geschichte meiner Ehefrau ein, die ich auch noch zum Besten gab:
Bei unserem letzten Urlaub haben wir eine nette Familie mit gleichaltrigen Kindern kennengelernt. Ein halbes Jahr später wurden wir von ihnen für ein Wochenende eingeladen. Am zweiten Tag ist dann meine Frau mit der Tochter der Gastfamilie in die Kirche gefahren. Bei ihrer Rückkehr, eine Stunde später, berichtete meine Frau von der schönen Abendmesse und dass sie bei dem starken Schneetreiben fast irgendwo angefahren wäre. Dieser Aussage habe ich jedoch zunächst keine besondere Bedeutung beigemessen.
Zwei Tage später stellte ich im Außendienst an der Stoßstange meines Wagens vorne rechts eine Beschädigung fest. An die Äußerung meiner Frau habe ich zu diesem Zeitpunkt nicht gedacht. Und so ging ich zur Polizei, um eine Strafanzeige zu erstatten. Dort meinte der Polizeibeamte, dass seiner Meinung nach mein Pkw eine Mauer gestreift habe. Verärgert über diese Aussage, bestand ich auf der Aufnahme einer Strafanzeige wegen Fahrerflucht gegen Unbekannt.
Daheim angekommen, kamen mir Bedenken, und ich erinnerte mich wieder an die Worte meiner Frau, sie wäre beinahe mit dem Pkw irgendwo angefahren. So telefonierte ich mit unserem Gastgeber, der auch Polizist war, und bat ihn, sich auf Spurensuche zu begeben. Kurze Zeit später informierte er mich über rote Lackspuren an der Gartensäule seines Nachbarn. Meine Anzeige habe ich hierauf zurückgenommen und mich vielmals für den peinlichen Vorfall entschuldigt. Aber

dennoch: Wie gut habe ich es doch mit meiner Ehefrau getroffen; ihre Schusseligkeit ist doch eigentlich recht liebenswert.
Dabei dachte ich noch an meine Schwägerin, die einmal mit meinem Bruder mit dem Rad zur S-Bahn nach Puchheim gefahren ist.
Wie üblich haben sie ihre beiden Räder mit einem Zahlenschloss verbunden. Mittags ist meine Schwägerin dann zu den Rädern gegangen, hat das Schloss zunächst entfernt und danach versehentlich das Rad ihres Ehemannes mit einem fremden Fahrrad zusammengeschlossen. Als mein Bruder dann ein paar Stunden später zu seinem Rad kam, versuchte der Besitzer des anderen wutentbrannt, sein Fahrrad zu befreien.

Zu den jeweiligen Stammtischen sind auch immer die älteren Kollegen geladen, die schon im Ruhestand sind. Die von ihnen erzählten Geschichten aus ihrer aktiven Zeit interessieren auch immer die ganz Jungen. So berichtete an diesem Abend unser Hans über drei besondere Ereignisse aus seinem früheren Berufsleben.

Der Auszug aus Ägypten

Ein alter Hof wurde eines Tages von einem Studienrat aus Augsburg an den Landwirt Dimpflhuber und dessen Lebensgefährtin zur alleinigen Nutzung übergeben. Sie durften dort mietfrei wohnen. Das Anwesen sollte lediglich von ihnen instandgehalten werden. Doch innerhalb kurzer Zeit befand sind der traumhaft gelegene Hof in einem nahezu unbewohnbaren Zustand. Die neuen Bewohner sammelten im ganzen Landkreis Gänse, Enten, Stallhasen, 14 Hunde und zwei Pferde ein. Der Hausbesitzer war sauer, als er ein paar Monate später den schlechten Zustand seines Anwesens vorfand. Die neuen Bewohner hatten außerdem alte landwirtschaftliche Maschinen und Schrott gehortet. Der Hof war inzwischen ein einziger Müllhaufen.

Kurze Zeit später hat der Eigentümer ein Räumungsurteil erwirkt. Ich sollte die Chaoten aus dem Besitz setzen. So fuhr ich zu den Schuldnern und erklärte ihnen, dass sie ausziehen müssten. Der Verurteilte meinte nur: „Wo soll ich denn hin mit den Tieren und dem anderen Zeug?" „Das ist mir egal, suchen Sie sich etwas! Schaffen S' wenigstens die Tiere weg!", gab ich ihm zur Antwort.

Vier Wochen später fuhr ich wieder hin. Passiert war nichts. Dimpflhuber meinte nur, dass ihn sowieso keiner nimmt. Ich sagte zu ihm, er solle doch wenigstens die Hühner, seine Enten und die Stallhasen schlachten oder verkaufen. Aber auch diesen Ratschlag hat er nicht angenommen. Sechs Wochen später forderte ich vom Gläubiger einen Räumungskostenvorschuss in Höhe von 7000 DM an. Ein Huhn, eine Gans oder ein Hase hätte damals bei Unterbringung im Tierheim täglich jeweils 7 DM gekostet. 500 DM monatlich waren dort für die Verwahrung eines Pferdes vorgesehen. Der Tagessatz eines Hundes ist mir heute nicht mehr bekannt. Der Herr Studienrat war wegen der Höhe des Vorschusses ziemlich geschockt. Ich sagte zu ihm: „Am liebsten wäre mir, Sie zahlen den geforderten Betrag nicht, dann kann ich die Durchführung der Räumung ablehnen." Das wollte er jedoch keinesfalls.

Einen Tag vor dem zwangsweisen „Umzugstermin" fuhr ich wieder zu den Schuldnern. Alles war unverändert. Einen Tag später war ich dann mit der Spedition dort. Im Haupthaus gab es überall Ungeziefer, Ratten und Mäuse sprangen über den Tisch und freuten sich sichtlich über die vorhandenen Essensreste. Alle Tiere hatten auch zu diesem Gebäude freien Zugang. Die Möbel waren mit Fäkalien verseucht.
Für die Lebensgefährtin von Dimpflhuber war im Nachbarort eine Ersatzwohnung vorgesehen, welche von der Gemeinde bereitgestellt wurde. Sie nahm auch vier Hunde mit.
Kurz vor dem Räumungstermin hatte der Schuldner, nach seinen Angaben in Sichtweite, einen alten Stadel angemietet. Wir fuhren anschließend dorthin, um zu sehen, was alles dort untergebracht werden könnte. Es handelte sich nur um einen Viehunterstand, der mit Stangen abgeteilt war. Auf der einen Seite war Platz für die Pferde, gleich daneben sollten die restlichen Hunde hin.
Dann hat sich Dimpflhuber von einem Landwirt einen modernen Traktor und Ladewagen ausgeliehen. Auf diesen wurden nun die alten Gerätschaften geladen, seinen alten Wagen mit Gummirädern hängte er an den modernen Ladewagen an. Zuvor hatte er ihn noch mit Schrott beladen. Auch sein alter Traktor wurde an den neuen Bulldog angehängt. Ganz hinten befestigte er seine restlichen zehn Hunde. Die zwei Pferde führte er an den Zügeln am Ende des Gespanns. Es wirkte auf mich wie der Auszug aus Ägypten. Der Gläubiger fuhr auf der neuen Zugmaschine mit. Im Schritttempo ging es zum Stadel, wo alles abgeladen wurde.

Danach fuhren wir wieder zum Hof zurück; dort waren schließlich noch die anderen Tiere. Der Gläubiger hat dann kurzerhand einen Stecken genommen und die Hühner und Gänse von seinem 3500 qm großen Grundstück verjagt. Die Hasenställe brachte er an die Grundstücksgrenze. Nach dem Öffnen der Türen waren seine Worte: „Servus, Hasen, es war nett, dass ich euch kennenlernen durfte, ab jetzt seid ihr alle frei!"

Meine Bedenken gegen diese Handlungsweise hatten ihn nicht interessiert. Und damit war der Räumungsauftrag beendet.

Die Flüchtige

Vor Jahren war es noch die Aufgabe eines Gerichtsvollziehers, die vom Vormundschaftsgericht angeordnete Unterbringung in eine psychiatrische Klinik zu vollziehen.

In dieser Zeit suchte mich ein Ehemann, der amtlich bestellter Vormund war, in meinem Büro auf. Herr Falter legte mir einen gerichtlichen Beschluss für die Einweisung seiner Ehefrau in die psychiatrische Klinik vor, den ich vollziehen sollte. Mit einem Blick auf seine Anschrift stellte ich fest, dass er in einem kleinen Dorf wohnte, wo jeder jeden kannte. „Soll ich als Gerichtsvollzieher Ihre Frau wirklich abholen? So wie Sie ihr Verhalten beschreiben, wird sie sich kaum freiwillig in mein Auto setzen. Vermutlich benötige ich dann einen Krankenwagen und auch die Polizei. Damit werden Sie sicherlich zum Ortsgespräch!", machte ich ihn aufmerksam. „Versuchen Sie es doch selbst! Vielleicht mit Hilfe Ihrer Verwandtschaft! Tarnen Sie das Ganze als einen Ausflug in die Berge!", schlug ich vor.

Doch Herr Falter bestand auf meinen Einsatz! Also bin ich am nächsten Tag, wie mit ihm ausgemacht, gegen Mittag dort aufgekreuzt. Die mir bis dahin unbekannte Frau stand strumpfsockig und mit wirrem Haar im Wohnzimmer, wie auf dem Sprung. Ohne lange herumzureden, zeigte ich ihr den Beschluss und forderte sie auf, mit nach Kaufbeuren in die Klinik zu fahren. „Nein, das fällt mir gar nicht ein!", schrie sie aufgebracht!

„Ich sag das nur noch einmal! Sie ziehn sich jetzt die Schuhe an und dann gehn wir zum Auto", entschied ich energisch.

„Dann hol ich halt jetzt mein Schuhe!", brüllte sie zurück und lief aus dem Wohnzimmer. Oje, die wird doch nicht am Ende abhauen, kam mir der Gedanke. Und tatsächlich, als ich mich an die Verfolgung machte, flüchtete sie mit riesigen Sprüngen, zwei Stufen auf einmal nehmend, die Treppe hoch und ich hinterher. Mit einem kleinen Schritt Vorsprung erreichte sie das Badezimmer und warf die Tür gerade noch rechtzeitig zu, bevor ich meinen Fuß dazwischenstellen konnte. Es handelte sich nur um den Bruchteil einer Sekunde, dann hätte ich dies verhindern können. Außer Atem schlug ich mit der Faust gegen die verschlossene

Tür und forderte sie auf, sofort zu öffnen. Doch sie schrie in einem fort: „Es brennt, es brennt!"
Jetzt bekam ich es wirklich mit der Angst zu tun. Die Feuerwehr zu verständigen und auch noch auf sie zu warten, könnte zu spät sein, ging mir panisch durch den Kopf. Ich muss die Tür eintreten, da hilft nichts! So warf ich mich im Beisein des Ehemanns mit voller Wucht gegen die Tür, welche zum Glück nach innen aufgegangen wäre. Beim dritten Versuch splitterte der Türrahmen und ich konnte ins Bad.
Gott sei Dank brannte es nicht. Immer noch schreiend, sprang die Frau an mir vorbei und wollte gleich wieder das Weite suchen. Ich erwischte sie gerade noch am Arm. Mit vereinten Kräften trugen wir, die Sanitäter und ich, die um sich schlagende Frau die Treppe hinunter und schafften sie in den Krankenwagen. Mit aller Kraft wehrte sie sich gegen die Gurte, die man ihr anlegte, um sie festzuschnallen. Kurz zuvor hatten wir noch die Polizei verständigt, falls wir sie nicht alleine bändigen könnten. Diese kam nun mit Blaulicht angefahren. Als die Verwirrte die Polizei sah, war sie schlagartig ruhig, und wir konnten endlich ins Bezirkskrankenhaus starten. Ich fuhr mit meinem Pkw hinterher, denn mein Auftrag war erst bei der Übergabe an das Fachpersonal in der Klinik erledigt. Dort angekommen, sollte sie bei einer jungen Ärztin ihre Personalien angeben. Doch sie verweigerte sich und machte keinerlei Angaben. Nachdem sie in die geschlossene Abteilung gebracht wurde und ich für sie manche Fragen beantworten konnte, fuhr ich erleichtert wieder in mein Büro zurück.
Ein paar Tage später erhielt ich telefonisch vom Ehemann die Mitteilung, dass seine Frau wieder zu Hause sei. „Wie ist das denn möglich?", erkundigte ich mich fassungslos. Frau Falter war von der geschlossenen in die ambulante Abteilung verlegt worden. Dies stellte für sie kein Hindernis dar, um erneut auszureißen. Mit einem Taxi stand sie dann auf einmal zu Hause vor der Tür.
Wie die Geschichte dann weiterging, ist mir nicht bekannt. Eine nochmalige Einweisung durch mich erfolgte glücklicherweise nicht!

Die „Märchenstunde" meines Kollegen

Mein Kollege Hans musste im Laufe seines Berufslebens einige Personen wegen ihrer angeschlagenen Psyche in Nervenkliniken bringen. Bei unseren Stammtischen erzählte er von einem weiteren besonderen Fall, der ihm noch heute gut in Erinnerung ist.
Auf Veranlassung eines bestellten Vormunds sollte er eine Frau ins Bezirkskrankenhaus fahren. Und so erzählte er diese Geschichte:
Als ich die Patientin, Frau Schade, kurz nach Eingang des Auftrages aufsuchte, kamen mir zunächst Zweifel, ob sie wirklich „spinnt". Doch nun von Anfang an!
„Ist ein Schlosser nötig oder lässt sie mich freiwillig in die Wohnung?", fragte ich als Erstes den Auftraggeber. Da ich über eine tiefe Stimme verfüge, meinte er, mache sie mir sicherlich auf. „Brauche ich die Polizei, oder kommt sie freiwillig mit?"
„Das kann ich nicht beurteilen!", antwortete er. „Sie ist halt in ihrem Verhalten manchmal total daneben. Sie springt ab und zu nackt auf dem Balkon herum. Außerdem geht sie gelegentlich nachts auf die Friedhöfe und klaut die Holzkreuze frisch Beerdigter, um sie dann der Nachbarin an die Wohnungstür zu lehnen. Sobald diese dann die Tür öffnet, fallen sie ihr entgegen. Dabei wurde die Nachbarin schon einmal leicht im Gesicht verletzt. Außerdem bildet sich Frau Schade ein, an den Nieren operiert worden zu sein."
In meinen Ohren klang das relativ harmlos. Deshalb verzichtete ich auf die Polizei. Mit zwei Sanitätern, die sowieso zum Transport nötig waren, würde ich das schon hinkriegen, dachte ich mir. Also traf ich mich mit den zwei Sankafahrern vom BRK vor der Wohnung von Frau Schade. Bevor wir den Wohnblock betraten, stellten sie sich mir als Ersatzdienstleistende vor. „Wir leisten nur unseren Zivildienst ab und verabscheuen jegliche Gewalt", erklärten sie mir. Ich konnte also nicht groß auf ihre Hilfe zählen, und das jetzt auch noch ohne Polizei, auf die ich ja verzichtet hatte. Aber um hilfreiche Ideen war ich ja noch nie verlegen. Als ich oben läutete, meldete ich mich auf die Frage, wer ich sei, mit tiefer Stimme und stellte mich mit meinem Namen vor. Als

sie die Tür öffnete, sagte ich: „Frau Schade, ich komme, um Sie zur Nachuntersuchung wegen Ihrer Nierenoperation abzuholen! Sie haben doch eine schriftliche Einladung für den heutigen Tag dazu erhalten!"
Darauf schüttelte sie verwirrt den Kopf. „Vielleicht ist der Brief verloren gegangen! Das passiert ja leider öfter in der heutigen Zeit!"
Inzwischen stand ich im Wohnzimmer und beobachtete, wie sie einen Blick aus dem Fenster warf. Dabei entdeckte sie das BRK-Fahrzeug.
„Sie wolln mich doch nicht etwa in die Klapse bringen?" „Nein, auf keinen Fall, wie kommen S' denn darauf?" Ich log, dass sich die Balken bogen. „Nein, nein, ich bringe Sie in die neue Inntalklinik, die haben sich auf Nierensachen spezialisiert. Da findet, wie gesagt, nur eine Nachuntersuchung statt! Sie dürfen neben zwei Sanitätern im Führerhaus sitzen und müssen sich auf keine Trage legen. Als ihre Begleitperson sitze ich dann hinten im Transporter, um Ihnen anschließend beim Ausfüllen der Formulare zu helfen. Sie brauchen also keine Angst zu haben. Später begleite ich Sie wieder nach Hause."
Beruhigt nahm sie darauf ihren Mantel sowie ihre Handtasche und folgte mir zum Sanka. Nachdem alle Platz genommen hatten, starteten wir. Durch ein Fenster konnte ich von hinten das Führerhaus überblicken und durch die Zwischenscheibe auf die Straße sehen. Das war auch nötig. Sobald ich während der Fahrt einen Wegweiser nach Haar, in die Klinik, vermutete, lenkte ich sie ab, damit sie am Ende nicht doch noch misstrauisch wurde. Wir fingen an, uns angeregt zu unterhalten. Eigentlich machte sie auf mich einen ganz vernünftigen Eindruck. Ich hatte schon Zweifel an meiner Aktion und ein schlechtes Gewissen, bis sie mir von dem Besuch fremder Männer erzählte. Die seien in der Nacht zu ihr gekommen und hätten ihr viele Knochen gebrochen. Dann sei sie mit Medikamenten und vielen Spritzen versorgt worden, um verschiedene Reaktionen bei ihr zu testen. Auf meine Frage, ob sie nicht fürchterliche Schmerzen hatte, antwortete sie ungerührt: „Aber nein, sie haben mich doch gleich wieder geheilt!"
Gottlob, da sah ich auch schon von Weitem das Ortsschild Haar und anschließend den Hinweis auf die psychiatrische Klinik. Schnell machte ich sie auf die Flugzeuge aufmerksam, die gerade zum Landeanflug in

München-Riem ansetzten. Mit großen Augen verfolgte sie dieses Geschehen. Kurze Zeit später waren wir in der Klinik. Dort übergab ich die Akten einem Arzt. Nach einem Blick hinein hat er gleich richtig reagiert und mein Protokoll, ohne groß zu fragen, unterschrieben.

Danach verabschiedete ich mich von der Patientin: „Meine Schicht ist jetzt zu Ende, ein netter Kollege bringt Sie irgendwann später nach der Untersuchung wieder nach Hause. So lange kann ich aber nicht warten!"

Am nächsten Tag sollte ich zu meinem Chef, der damals auch Vormundschaftsrichter in dieser Sache war. „Wie viele Polizisten haben Sie denn gestern für die Einweisung gebraucht?," erkundigte er sich neugierig. „Die Frau gilt ja als recht gewaltbereit!" Ich erzählte ihm von dem Märchen, das ich Frau Schade aufgetischt hatte.

„Na ja, das war sicherlich nicht ganz nach den Vorschriften!", meinte er stirnrunzelnd. „Wäre es denn besser gewesen, ich hätte sie von der Polizei wie ein Stück Vieh die zwei Stockwerke die Treppe hinunterschleifen lassen?", gab ich ihm zu bedenken.

Darauf antwortete er: „A Hund san S' aber scho!"

6 Der Hochstapler

Diese Geschichte wird vermutlich bei vielen Lesern ein ungläubiges Kopfschütteln auslösen. Hier ist von einem absoluten „Blender" die Rede: einem Schuldner, der ein unheimlich gewieftes Auftreten an den Tag legte und damit Unfassbares erreichte. Ein Hochstapler der Extraklasse! Er war seit mehr als 30 Jahren im ganzen Landkreis bei den Justizbehörden und der Polizei als zahlungsunfähig bekannt und konnte trotzdem immer wieder sein Unwesen treiben.

Eines Tages traf ihn der Kollege, mit dem ich seit vielen Jahren in Bürogemeinschaft war, in der Stadt. Auch er hatte, über mehrere Jahre hinweg, das große Vergnügen, sich mit diesem Schuldner herumschlagen zu dürfen. So wechselte er aus Neugierde rechtzeitig die Straßenseite, um mit dem Herrn Wagenhuber zusammenzutreffen und ihn in ein Gespräch zu verwickeln. Seine Absicht war zu erfahren, wann er denn wieder die zweifelhafte Freude haben würde, öfter geschäftlichen Umgang mit dem Schuldner zu pflegen. Um das herauszufinden, fragte er ihn, nach einigem Vorgeplänkel, nach seiner aktuellen Adresse, da er wissen wollte, ob Herr Wagenhuber wieder in seinem Bezirk die Gegend unsicher machen würde. Dieser erklärte schließlich zögerlich, dass er mit seiner schlechten Schufa-Auskunft nicht einmal mehr ein kleines Appartement anmieten könne.
„Mich nimmt doch keiner mehr als Hartz IV-Empfänger, wenn ich mich ohne Bürgen um eine neue Wohnung bewerbe. Und da habe ich für mich entschieden, gleich etwas Gescheites zu kaufen. Das war eigentlich ganz einfach! Da stand schon seit längerer Zeit ein Reiterhof zum Verkauf. Eine Reithalle war auch dabei, und da habe ich mir gedacht, das ist genau das Richtige für mich und meine Familie. Um Eindruck zu schinden, habe ich mir in München, an einem Wochenende, einen Porsche 911 Targa ausgeliehen. Dann habe ich mir von einem Freund seinen Anzug, ein schickes Hemd und eine Krawatte geborgt. Ausgeschaut habe ich wie ein Generaldirektor. Meine Frau hat gemeint, ich solle solch einen Anzug doch öfter anziehen. So viele Komplimente habe ich von ihr noch nie bekommen!

Ein anderer Spezl, der auch ein ganz schickes Outfit hatte, war dann mein Chauffeur, als wir zum Reiterhof gefahren sind. Er hat mir dann quasi als Butler die Beifahrertür aufgemacht und den Aktenkoffer getragen. Daraus schloss der Verkäufer anscheinend, dass ich ein ‚geldiger' und erfolgreicher Geschäftsmann bin. Beeindruckt von unserem Auftritt und erleichtert, dass sich endlich ein Interessent für seine Immobilie meldet, hat der Eigentümer erst gar nicht nach der Finanzierung gefragt. Der hat wahrscheinlich gemeint, dass ich das Objekt gleich in bar bezahlen kann. Eine Woche später waren wir schon beim Notar und alles wurde verbrieft."

Das ist ja haarsträubend! Gott sei Dank bin ich nicht zuständig, dachte sich mein Kollege erleichtert und schaute auch gleich auf den Plan der Bezirksverteilung in seinem Büro. Welchen armen Hund wird es wohl wieder treffen, die sicherlich nicht ausbleibenden Aufträge gegen Herrn Wagenhuber bei der neuen Adresse vollstrecken zu müssen?

Der „arme Hund" war ich, stellte sich heraus. Drei oder vier Monate nach dem Verkauf gingen bei mir nahezu täglich Vollstreckungsaufträge gegen Wagenhuber ein. Da wurde der Maler nicht bezahlt, der Bodenleger bekam kein Geld, und einem Gärtner ist er die Zahlung ebenso schuldig geblieben. Überall wurden auch noch Alarmanlagen installiert, natürlich ohne Bezahlung. In der Garage stand ein geleaster Mercedes E-Klasse mit hochwertiger Sonderausstattung. Bei meiner anschließenden Besichtigung seiner Reitanlage habe ich nachgefragt, von welchen Geldern er das alles bezahlen wolle und weshalb er auch noch Überwachungskameras benötige.

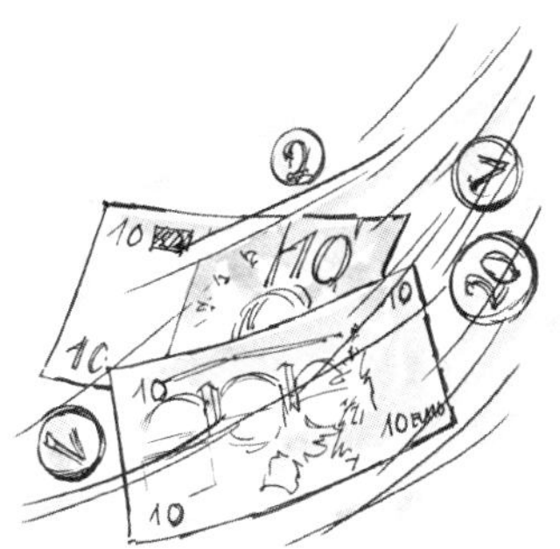

Darauf der Schuldner lapidar: „Ich möchte schließlich wissen, welches Gesindel sich auf meinem Hof herumtreibt. Zum Gestüt gehören noch sechs Wohnungen und außerdem kann ich noch 40 Pensionspferde einstellen. Eine heiße Lady habe ich bereits als Reitlehrerin eingestellt. Mir macht es auch nichts aus, wenn weitere Zwangsvollstreckungsaufträge kommen, denn das bin ich ja schon seit Jahrzehnten gewohnt. Der Gerichtsvollzieher gehört bei mir quasi schon zum Inventar!"

Nach Einsicht in verschiedene Unterlagen habe ich dann festgestellt, dass sämtliche Mieteinnahmen durch Vertrag an seine frühere Hausbank abgetreten wurden und zu pfändende Vermögenswerte nicht vorhanden waren. Ich fertigte ein Protokoll an und verließ den Hof. Noch auf dem Weg zu meinem Auto ruft mir Wagenhuber hämisch hinterher: „He, Kuckuck, vor Weihnachten brauchst hier nicht mehr

auftauchen, ich habe nämlich intensiven Kontakt zur russischen Mafia. Die legen jede Sau für 500 Dollar um."
Ich konterte diese Drohung: „Da mache ich mir keine Sorgen, wie wollen Sie denn die Jungs bezahlen, bei so vielen Schulden? Ich habe gehört, dass die Mafia säumige Zahler gleich am nächsten Baum aufhängt, und davon gibt es hier viele. Schöne Weihnachten wünsche ich nur Ihren Pferden im Stall! Sollte noch ein weiterer Auftrag kommen, sehen wir uns sicherlich noch vor den Feiertagen wieder!"

Nachdem Wagenhuber inzwischen erneut die eidesstattliche Versicherung abgegeben hatte, wurden die meisten Aufträge von mir, unter dem Hinweis „der Schuldner ist amtsbekannt pfandlos", wieder an die Auftraggeber zurückgegeben. Die armen Handwerker blieben zu einem Großteil auf ihren Rechnungen sitzen. Viele haben Material verwendet und hatten nun aufgrund dieser Vorausleistungen vielleicht selbst um ihre Existenz zu kämpfen.
Erst nach mehr als einem Jahr konnte der geprellte Verkäufer den notariellen Vertrag unter großen Verlusten gerichtlich rückabwickeln. Danach wurde ich mit der Zwangsräumung beauftragt. Gleich nach Eingang dieses Auftrages habe ich Wagenhuber aufgesucht, um zu erfahren, wann er gedenke auszuziehen.
Die Antwort kam unverzüglich: „In einer Woche bin ich weg! Dann wohne ich in Berlin, Kudamm - allererste Adresse!"

Die meisten Gläubiger haben auf Anraten Strafanzeige wegen Betrugs erstattet. Wagenhuber wurde ein Jahr später in der Verhandlung zu einer Freiheitsstrafe von zwei Jahren und fünf Monaten ohne Bewährung verurteilt. Ich habe bis heute nichts mehr von ihm oder von der russischen Mafia gehört.

7 Der „Erleuchtungspsychologe"

Nun, ich habe ja schon einiges an Schuldner-Persönlichkeiten erlebt. Darunter waren auch zwei Schauspieler, ein Professor, ein Arzt, ein Adeliger, ein bekannter Rennfahrer, ein Architekt u.a. Doch dieser ganz besondere Typ, von dem ich jetzt erzähle, ein Diplom-Psychologe, hat mir einige schlaflose Nächte bereitet.

So ging eines Tages bei meiner Dienststelle ein Zwangsvollstreckungsauftrag gegen diesen mir bisher unbekannten Schuldner ein. Offensichtlich hatte Herr Peter Dobler zuvor in einem anderen Gerichtsbezirk sein „Unwesen" getrieben.
Nachdem ich den Auftrag computertechnisch erfasst hatte, begab ich mich ein paar Tage später zu der angegebenen Adresse. Nach mehrmaligem Klingeln an der Haustür eines Mehrfamilienhauses öffnete mir der Hauseigentümer. Ich erkundigte mich nach dem Schuldner, da der Briefkasten von diesem offensichtlich schon lange nicht mehr geleert worden war.
„Herr Dobler wohnt schon hier", berichtete er, „aber seit mehr als einer Woche habe ich ihn nicht mehr gesehen." Eine andere Hausbewohnerin erzählte mir, dass er für unbestimmte Zeit nach Südfrankreich gereist sei, weil die Maya für den 21.12.2012 den Weltuntergang vorausgesagt hätten. Dort gebe es angeblich einen kleinen Ort, der von der Apokalypse verschont bleiben solle. „Kommen S' doch mal zu seiner Eingangstür mit", forderte mich der Hauseigentümer auf. „Da riechen S' mal!" Ich schnupperte vorsichtig. Tatsächlich, aus dem unteren Türschlitz entströmte ein fürchterlicher Gestank. „Das riecht doch nach verfaulten Eiern! So eine Sauerei! Angeblich braut er hier lebensverlängernde Säfte, die man bei ihm kaufen kann. Hoffentlich kommt er bald wieder, bevor das ganze Haus danach stinkt. Jeden Tag muss ich mehrmals das Treppenhaus durchlüften", schimpfte der Vermieter.

„Ich kann Ihren Ärger gut verstehen, Sie müssen ja auch an Ihre anderen Mieter hier denken", antwortete ich. Mit der Bitte, mich zu verständigen, sobald der Schuldner aus seinem Weltuntergangskoma erwacht sei, verabschiedete ich mich von dem so geplagten Hauseigentümer. Herr Dobler muss schon ein seltsamer Kauz sein, dachte ich mir auf dem Weg zu meinem Fahrzeug.

Einige Wochen später erhielt ich die erwünschte Auskunft über Doblers Rückkehr. Ich war schon ziemlich neugierig auf ihn. Leider konnte ich ihn aber nicht zu Hause antreffen. Schließlich habe ich ihm eine schriftliche Nachricht hinterlassen, mit dem Hinweis auf einen Termin, an dem ich ihn erneut aufsuchen würde. Drei Tage später meldete er sich in schriftlicher Form bei mir. Das von mir vorgeschlagene Treffen könne er nicht einhalten. Um mir den Weg zu ersparen, bot er mir folgende Ersatzlösung an:

Bitte holen Sie am Mittwoch (bitte ohne Aufsehen oder Irritationen auszulösen), in der Praxis Hinterhuber, nicht weit von Ihrem Büro entfernt, den Umschlag - lautend auf meinen Namen - ab, in dem der Betrag von 1.279 Euro enthalten ist. Ich habe mir das Geld von einem Freund geborgt. Ich erwarte eine gerechte Lösung und weise Sie darauf hin, dass es Realitäten und Sanktionssysteme oberhalb des Irdischen gibt. Ich erwarte auf allen Ebenen ein einwandfreies Verhalten aller Beteiligten - und werde nichts Abwegiges erlauben.

Na, Hauptsache er zahlt, dachte ich kopfschüttelnd. Wie von Herrn Dobler vorgeschlagen, habe ich noch am gleichen Tag das Geld in einem braunen Briefumschlag abgeholt, um nicht durch ein abwegiges Verhalten den Schuldner ungnädig zu stimmen. Die Quittung und den Vollstreckungstitel übersandte ich noch am selben Tag an Herrn Dobler. Vielleicht muss ich mich ja noch einmal mit ihm herumschlagen, dachte ich mir.
Und tatsächlich, eine Woche später erhielt ich erneut einen Auftrag gegen den - wie mir nunmehr bekannt war - nicht mehr praktizierenden Diplom-Psychologen. Diesmal war neben dem Standardauftrag noch ein Begleitschreiben des Anwalts der Antragsteller beigefügt, mit einer Kopie eines Strafbefehls gegen Herrn Dobler. Na, so etwas hab ich auch noch nie erlebt, wunderte ich mich. In dem Anwaltsschreiben wurde ich ausdrücklich vor dem Umgang mit dem Schuldner gewarnt, mit dem Hinweis auf den Strafbefehl des Amtsgerichts Ullrichsstadt. Aufmerksam und interessiert las ich den Text, in dem gegen den Schuldner eine Geldstrafe in Höhe von 900,00 Euro verhängt wurde, da er in einem offenen Brief den Anwalt des Gläubigers mit folgendem Inhalt (meiner Erinnerung nach) kontaktiert hatte:

Herr Rechtsanwalt, als Christ mit Geistestaufe und Gotteserfahrung habe ich Ihnen bereits mitgeteilt, dass Sie eine schwerwiegende seelische Störung haben: In ihrer Aura befindet sich Baphomet, der antichristliche Dämon schlechthin. Sie sind feiger Knecht eines widerlichen Dämons. Gehen Sie mir aus den Augen - ich verzeihe nichts und habe keine Scheu davor, meine Wut auf Sie zu richten, wie es wahrhaft religiös und richtig ist. Vor dem Rechtsanwalt mit Tick (bei Ihnen zuckt das Auge - solche somatischen Überschuss-Impulse sind häufig ein Zeichen von Besetzungen!) habe ich keine Furcht! Denn Gott schlägt Dämonen. Sie werden dies schon noch merken.

Auch in einem Blog im Internet wurde von Dobler Ähnliches veröffentlicht. Mir stellten sich die Haare zu Berge, als ich diese Wut-Äußerungen las. Das war ganz schön harter Tobak. Auf jeden Fall aber zeugte es von einer gestörten Persönlichkeit. Dieser Mann war mit Vorsicht zu genießen! Soll ich gleich die Polizei einschalten?, fragte ich mich. Nein, ich wollte es erst mal ohne Unterstützung versuchen und machte mich auf den Weg. Gespannt, aber auch fluchtbereit, wartete ich auf das Öffnen der Wohnungstür, nachdem ich per Türöffner in das

Haus hereingelassen worden war. „Na also, er ist da! Ob er mich auch in die Wohnung lässt? Wie wird er auf meinen Dienstausweis reagieren?" Endlich ging die Tür einen Spalt weit auf. Ein Augenpaar musterte mich intensiv von oben bis unten, nachdem es meinen Dienstausweis studiert hatte. Mir kam es so vor, als würde Dobler auch meine Gestik und Mimik intensiv psychologisch analysieren. Mit raschen Handbewegungen über meinem Kopf, so als würde er versuchen, etwas einzufangen oder zu vertreiben, gab er mir zu verstehen, dass es wegen meiner schlechten Aura unmöglich sei, seine Räumlichkeiten zu betreten. Wegen der giftigen Elemente in meinem Körper würde ich seine Wohnung, wie er es nannte „bestialisch verseuchen".
Mit kummervollem Blick ging ich auf seine Ängste ein mit der Bitte, mir doch zu helfen, die Schadstellen in meinem Körper zu beseitigen. Ich gab ihm unmissverständlich zu verstehen, dass ich an einer professionellen, schmerzfreien Entgiftung interessiert sei. Zugleich gab ich ihm zu bedenken, dass die schlechte Aura vermutlich mit meinem Beruf als Gerichtsvollzieher zusammenhänge. Und siehe da, er hatte dann auch eine entsprechende Lösung parat: Nachdem ich durch mehrmaliges Betätigen einer Blumenspritze mit Kräuteressenzen besprüht worden war, war es mir gestattet, sein Domizil zu betreten. Völlig problemlos konnte ich nunmehr mit dem Zahlungspflichtigen das Verzeichnis ausfüllen, welches dem Gläubiger einen Überblick über sein eventuell vorhandenes Vermögen verschaffen sollte. Als Gerichtsvollzieher muss man halt gelegentlich auch ein guter Schauspieler und Diplomat sein. Dies hatte sich wieder einmal bestätigt. Anscheinend bin ich da ein kleiner Profi, dachte ich mit großer Genugtuung.

Nach ein paar Monaten wurde ich jedoch eines Besseren belehrt. Ich erhielt gleich zwei neue Aufträge. In einem sollte ich für den Bruder (Dr. Mathias Dobler) an Peter Dobler eine einstweilige Verfügung zustellen. Offensichtlich hatte der Diplom-Psychologe seinen Bruder in einem Schreiben als geisteskrank und schizophren bezeichnet und dieses Schreiben über den allgemeinen Faxverteiler an dessen Arbeitgeber übermittelt. Durch die einstweilige Verfügung wurde - bei Anordnung

von Zwangsgeld - dem Schuldner geboten, künftig derartige Schriftsätze zu unterlassen.
Diese einstweilige Verfügung habe ich noch am gleichen Tag durch Einwurf in den Briefkasten zugestellt, nachdem ich den Empfänger nicht erreicht hatte. Zugleich forderte ich ihn auf, sich bei mir wegen des weiteren Auftrages zu melden. Doch dieses Mal kam ich nicht so leicht davon. Es kam zunächst keine Reaktion von ihm. Stattdessen schickte er mir ein paar Tage später kommentarlos die Kopie eines Schreibens, das er zuvor an den Rechtsanwalt des Gläubigers übersandt hatte, zur Kenntnisnahme - meiner Erinnerung nach mit folgendem Inhalt:

Ein Schreiben des Gerichtsvollziehers liegt im Briefkasten. Sie haben tatsächlich gewagt, diesen Pfad des Unrechts fortzusetzen! Rechtzeitig wurden Sie informiert, dass Ihnen das nicht durchgehen wird. Eine Schande und grenzwertig ist auch ihre psychische Ausstattung. Sie leugnen - wie ein Psychopath - die böswillige Kränkungs- und Nötigungsbereitschaft, die Ihrem Verhalten innewohnt. Ich gebe Ihnen eine Woche Zeit, selbst den geforderten Betrag in einer Summe an den Gerichtsvollzieher zu überweisen. Sollten Sie sich weigern, empfehle ich Ihnen, ab sofort der Vorsicht höchste Priorität zu geben. Ich habe dieses Schreiben und eine Schilderung der Sache bereits an Freunde weitergeleitet, um Ihr Tun öffentlich zu machen. Seien Sie versichert, dass auf Sie bei einer Weigerung ein rückgekoppelter Schaden zukommen wird, der den Betrag um mehrere Größenordnungen übersteigt. Ich verspreche Ihnen ebenfalls, dass ich Ihnen alles in meiner Währung heimzahlen werde. Dazu brauche ich - anders als Sie - weder höhere noch irdische Gesetze zu verletzen. Vielleicht sind Sie ja Kirchgänger, dann gibt es eine schöne Bibelstelle für Menschen wie Sie, die sich mit dem Gewissen schwer tun: 1 Tim 1,20. Sie sind nun ‚Satan überliefert, auf dass Sie durch Zucht unterwiesen werden'.
P.S: Und - rennen Sie schon wieder zum Gericht oder der Behörde, um Ihr Unrecht durchzusetzen? Es wird Ihnen nichts nützen.

Mit gleicher Post habe ich ein an mich gerichtetes Schreiben des Schuldners erhalten:

Derzeit bin ich dabei, ein Produkt zu relaunchen, das anfänglich ein Potential von 500 bis 1000 Euro Überschuss pro Monat einbringt und nahe genug am göttlichen Schöpfungsprinzip sowie im Einklang mit Seele und Natur steht. Es lässt sich nicht vermeiden, über folgende Hintergrund-Energien zu sprechen, weil von dort die Probleme herkommen: Ich habe versucht, Ihnen an Ihre Privatnummer zu faxen. Da musste ich schon beim Anspringen des Anrufbeantworters unterbrechen, weil der ganze Leitungsbereich voller Elemente war: Das sind schmutzige Energien, die die Aura stören und Schaden anrichten. Das tun sie auch bei Ihnen.

Ganz deutlich sage ich auch zu Ihnen: Sie haben da ein Problem. Sie sind nicht neutraler Gerichtsvollzieher, sondern werden zum Betrüger, wenn Sie sich zum Handlanger dieses, sagen wir, abgekarteten Spiels machen. Auch für Sie gilt: Jeder zahlt, wenn er sich auf so einen Schwindel einlässt. Dem Anwalt habe ich das ganz deutlich mitgeteilt. Auch für Sie gilt: Niemand kann sich hinter dem System verstecken, wenn das System selbst außerhalb von Wahrheit und Gerechtigkeit ist.

Bei einem weiteren Vollstreckungsversuch half mir auch keine Schauspielkunst und keine Diplomatie mehr. Es war nicht mehr möglich, mit dem Schuldner vernünftig zu kommunizieren. Er ließ mich so richtig auflaufen und sagte zu mir: „Sie haben doch Familie. Jetzt wird es nicht mehr lange dauern, dann werden sie Rotz und Wasser weinen, und was da passieren wird, werde ich verursacht haben." Dabei schlug er mir die Tür vor der Nase zu.

„Nach dieser Drohung müssen Sie mit einer Strafanzeige rechnen", rief ich aufgebracht durch die geschlossene Tür. Vorbei war es mit meiner Coolness. Mit einem wütenden und durchaus mulmigen Gefühl fuhr ich zurück in mein Büro. Ich erzählte meinen Kollegen von dieser Begegnung, erledigte noch verschiedenen Schreibkram und machte mich drei Stunden später auf den Heimweg.

Am Abend des gleichen Tages kamen meine Frau und unsere jüngste Tochter erheblich verspätet nach Hause. Meine Frau hatte versäumt mir dies mitzuteilen, und telefonisch konnte ich beide nicht erreichen. Nach über zwei Stunden Angst, ob er meinen Liebsten nicht doch etwas angetan habe, konnte ich meine Ehefrau und Tochter unversehrt in die Arme nehmen.

Zwei Tage später erhielt ich dann noch einen Brief des Schuldners mit folgendem Inhalt:

Ich habe Ihnen gegenüber mehrfach in persönlichen sowie schriftlichen Gesprächen ausführlich erörtert, dass es im Leben um die Einhaltung von Gesetzen geht. Das eine Gesetz ist das aus der Bibel bekannte Gesetz Gottes. Das andere ist das, auf das sich Menschen verständigt haben. Das erste ist die 1. Ordnung. Das zweite ist nachrangig und muss dem ersten folgen, wenn es wahr und gerecht sein will. Ich kann Ihnen sagen, Sie haben nichts verstanden, wenn Sie glauben, dass von mir Widerstand ausgeht, den man mit der Polizei einschüchtern oder niederprügeln kann. Daher ist Ihre Ankündigung töricht und die Beauftragung von Ordnungskräften ein unnützer Aufwand.
Ihren mangelnden ethischen Verstand zeigen Sie auch bei der Drohung mit einer Strafanzeige: Ich habe Ihnen schon gesagt, dass Sie derjenige sind, auf den Strafe wartet: Mit Ihrem weiteren Handeln belegen Sie, dass Sie sich gut angepasst im Machtsystem bewegen und dort Unrecht durchsetzen. Mit diesem Fehlverhalten verdienen Sie auch noch Ihren Lebensunterhalt. Da Sie bei mehreren pädagogischen Anläufen keine Einsicht gezeigt haben, gehe ich davon aus, dass Sie kein höheres Interesse an der Wahrheit haben - und einfach nur den vom Geist Gottes unbewohnten Kopf durchsetzen wollen. Bald wird sich Ihr Leben zur Hölle verwandeln. Noch einmal zum tieferen Verständnis: Das ist keine Drohung, sondern nur eine Beschreibung Ihres kommenden, selbstverursachten Schicksals. Im Übrigen habe ich mit gleicher Post Dienstaufsichtsbeschwerde eingelegt!

Diese wurde unter Hinweis auf seine verschrobene Wahrnehmung zurückgewiesen. Herr Dobler war in verschiedenen Abteilungen meiner Dienstbehörde bereits bekannt.
Beim Reifenwechsel an meinem Pkw stellte ich ein paar Tage später fest, dass bei einem Rad, bis auf eine Schraube, die diebstahlgesichert war, alle anderen Muttern gelockert waren. Eine Strafanzeige gegen Unbekannt habe ich nicht gestellt, da mir dies aussichtslos erschien.

Der Schuldner ist zwei Wochen vor der beantragten Wohnungsräumung unbekannt verzogen und wurde wegen verschiedener Strafdelikte zur Aufenthaltsermittlung ausgeschrieben. Mehrere Monate später hat ihn die Polizei festgenommen. Er verbrachte mehrere Wochen in Untersuchungshaft.
Sein derzeitiger Aufenthaltsort ist mir unbekannt.

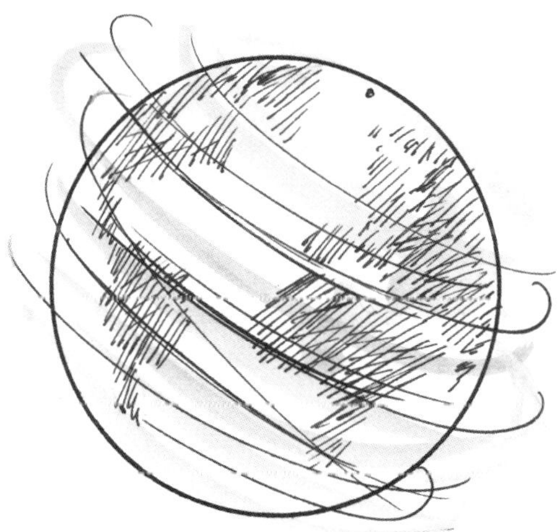

8 Der mit dem Kleingeld kam

Diesmal ist beim Amtsgericht ein Auftrag der GEZ (Bayerischer Rundfunk) gegen einen in meinem Bezirk wohnhaften Zahlungspflichtigen namens Salvermoser eingegangen, den ich die letzten Jahre immer wieder einmal aufsuchen musste. Der geschuldete Rundfunkbeitrag fiel ungewöhnlich hoch aus. Anscheinend hatte er die letzten zweieinhalb Jahre nichts mehr an die GEZ bezahlt. Somit hatte sich trotz Mahnungen eine stattliche Summe angesammelt.
Aus den früheren Verfahren war Salvermoser mir als schwierige Person bekannt. So hat er immer wieder die Rechtmäßigkeit der erteilten Zwangsvollstreckungsaufträge angezweifelt und durch Einlegen verschiedener Rechtsmittel die Erledigung der Aufträge verzögert. Der „Querulant" sorgte damit bei allen Beteiligten, seien es Gläubiger, Anwälte, Richter oder andere Justizbedienstete - und nicht zuletzt bei mir -, für zusätzliche Arbeit, was ihn natürlich nicht sehr beliebt machte. Selbst bei Vorlage verschiedener BGH-Entscheidungen stellte er sich stur. Immer wieder versuchte er mir gegenüber durch Androhung von Schadensersatzansprüchen die Durchführung der Amtshandlungen zu verhindern. Das kostete mich einiges an Nerven und ich machte mich bei dem neuen Auftrag schon auf einiges gefasst.

Ein paar Tage nach Registrierung des Auftrages habe ich sodann den Schuldner gleich zu einem Termin in meinem Büro vorgeladen. Ich wollte diese unangenehme Sache schnell hinter mich bringen. Doch wie bereits von mir vorausgeahnt, hat er wieder „Sperenzchen" gemacht! So versuchte er, sich drei Tage vor dem Termin zur Abgabe der Vermögensauskunft zu drücken, indem er mir eine Arbeitsunfähigkeitsbescheinigung übersandte.
Na warte, dachte ich genüsslich! Diesmal kommst du mir nicht davon! Dieses Ausstandsverzeichnis war hieb- und stichfest. Da konnte er sich noch so sehr als „Rechtsverdreher" abmühen. So habe ich ihm

postwendend mitgeteilt, dass eine Verlegung des Termins keinesfalls in Betracht komme. Eine Absetzung könne nämlich nur erfolgen, wenn aus dem Attest ersichtlich sei, dass er einen Gerichtstermin aus gesundheitlichen Gründen nicht wahrnehmen könne.

Bei einer Vermögensauskunft muss der Schuldner viele Unterlagen, wie Lebensversicherungspolicen, Lohnbescheinigungen, Nachweis über Aktienbesitz, Rentenauskünfte u.a. mitbringen. Jeder Gläubiger muss sich ein Bild über die Vermögensverhältnisse des Schuldners machen können. Die Liste der erforderlichen Nachweise ist jeder Ladung beigefügt. Sie löst bei vielen Zahlungspflichtigen Unbehagen aus, da oft Lohn- oder Kontopfändungen die Folge sind.

Entgegen meiner Erwartung, speziell bei diesem Schuldner, erschien dieser am Termintag pünktlich mit seinem Fahrrad, auf die Minute genau, in meinem Büro. Mit einem scheinheiligen „Grüß Gott, Herr Kraglbinder", stellte er eine bunte Blechdose auf meinen Schreibtisch. Ein möglicherweise für mich gedachtes Geschenk habe ich gleich ausgeschlossen. Trotzdem nahm ich gespannt den Deckel ab. Der Behälter war bis oben hin mit Kleingeld gefüllt!
Mir stieg bei dem Anblick die Galle hoch. Doch äußerlich blieb ich ganz cool. Na warte! Auf meine Frage, ob er mich mit der Zahlung von 290,00 Euro in verschiedenen Münzen ärgern möchte, erntete ich nur ein süffisantes Grinsen des Mannes. Er gab an, dass er das Kleingeld über zwei Jahre gesammelt habe.
Den Spaß, die ganzen Münzen zwei-, dreimal vor seiner Nase zu zählen, gönnte ich ihm jedenfalls nicht. Deshalb forderte ich ihn auf, mein Büro zu verlassen und draußen zu warten, bis ich von meiner Bank zurück sei. Offensichtlich hat er nicht damit gerechnet, dass ich die Richtigkeit des übergebenen Betrags durch eine Geldzählmaschine feststellen könnte. Als wir vor die Tür traten, fing es gerade kräftig zu regnen an. Umso besser, dachte ich schadenfroh, denn die Nische der Haustür bot nur einen geringen Schutz. Ich sprang in mein Auto und fuhr los. Normalerweise ist die Bank zu Fuß in zehn Minuten erreichbar. Mit dem Auto können dagegen wegen ungünstiger Ampelschaltungen sowie dem gewöhnlich hohen Verkehrsaufkommen und Parkplatzproblemen schnell 15 bis 20 Minuten vergehen.
In der Bank stellte man nach der Zählung dann einen Überschuss von 1 Euro fest. Etwa 30 Minuten später, zurück in meinem Geschäftszimmer, händigte ich dem inzwischen durchnässten Schuldner grinsend den überschüssigen Euro mit einer Quittung sowie das Ausstandsverzeichnis aus. Dann bedankte ich mich noch bei ihm für das Kleingeld, denn beim Besuch meiner Bank habe ich auch gleich meine aktuellen Kontoauszüge mitgenommen.

„Durch die darin aufgeführten Zahlungseingänge", sagte ich zu ihm, „fallen mir zwei folgende Termine weg, und damit kann ich, zu meiner großen Zufriedenheit, jetzt früher Feierabend machen."
Das stimmte allerdings nicht, ich wollte ihm nur noch die restliche verbliebene Freude nehmen. Salvermoser war bei der Übergabe des Kleingeldes und der erwarteten mühseligen Zählung bestimmt von einem sehr hohen Zeitaufwand meinerseits ausgegangen. Vermutlich hatte er sogar absichtlich einen Euro mehr dazugelegt, damit ich die Münzen mehrmals würde zählen müssen.
Nachdem er erleben musste, dass seine Rechnung nicht aufging, verließ er mit grimmigem Gesicht grußlos und immer noch sehr nass mein Büro. Und ich freute mich tierisch über meinen kleinen Sieg!

9 Die Verführerin

Während des Urlaubs bleibt in den jeweiligen Gerichtsvollzieherbezirken - bis auf die sehr wenigen eiligen Aufträge - alles liegen. Umso mehr war ich bei meinem Dienstbeginn nach dem Urlaub immer interessiert, möglichst bald meine Rückstände abzuarbeiten. Und so hatte ich unter anderem einen Auftrag gegen eine mir bis zu diesem Zeitpunkt unbekannte Schuldnerin zu erledigen. Wie immer habe ich den Vorgang in meinem Computer erfasst und auch geprüft, ob die Voraussetzungen für eine Zwangsvollstreckung erfüllt waren. Dann wurde ein Protokoll ausgedruckt, das an Ort und Stelle auszufüllen ist.

Schon zwei Tage später, nachdem der Innendienst wieder einigermaßen auf dem Laufenden war, fuhr ich an einem traumhaft schönen Sommertag zu der besagten Adresse. Im dritten Stock des Mehrfamilienhauses öffnete mir nach kurzem Läuten eine Frau von Anfang 30, die nur mit einem kurzem Nachthemd bekleidet war, die Wohnungstür. Ich schlug vor, nachdem ich mich vorgestellt hatte, dass sie sich doch erst etwas anziehen solle, da sie sich ansonsten noch verkühlen könnte. Sie betonte nur, sie habe kaum Zeit, schließlich müsse sie gleich ihren Sohn vom Kindergarten abholen. In der Annahme, dass die junge Frau sich sofort anziehen würde, nahm ich wunschgemäß auf der Couch im Wohnzimmer Platz.

Wenige Minuten später betrat Frau Summer - allerdings immer noch im Negligé - das Zimmer und wollte wissen, um was es überhaupt gehe. Ich erklärte ihr, dass sie die Hausratversicherung nicht bezahlt und auf Mahnungen und auf die Zustellung des Mahnbescheides nicht reagiert habe. Rechtsanwalt Griesbach habe daher im Auftrag der Versicherung den Auftrag zur Zwangsvollstreckung erteilt.

Hierauf die Schuldnerin: „Das kann alles nicht wahr sein, ich habe erst vor vier Wochen einen Geldbetrag an die Versicherung überwiesen. Den Einzahlungsbeleg habe ich bestimmt in der oberen Schublade in meinem Wohnzimmerschrank."

Frau Summer drehte sich um, stellte sich auf die Zehenspitzen und kramte in der obersten Schublade herum, um den geforderten Nachweis zu erbringen. Erst jetzt war für mich zu erkennen, dass sie unter ihrem Nachthemd gar kein Höschen trug!

„Es kann doch nicht sein, der Beleg muss doch hier sein", beteuerte sie ständig. Schließlich gab sie die Suche auf und nahm auf dem Sessel mir gegenüber Platz. Durch die Stellung ihrer Beine waren ihre intimsten Bereiche für mich sichtbar. Sie fragte dann noch, ob es eventuell eine andere Lösung als die Zahlung des Betrages gebe.

Ihre plumpe Anmache machte mich dermaßen sauer, dass ich ein Pfandsiegel nahm, es mit der vorgesehenen Geschäftsnummer beschriftete und mitten auf die Vorderseite des Bildschirms klebte. Üblicherweise wird sonst der „Kuckuck" auf der Rückseite des Fernsehers angebracht, damit er für Unbeteiligte nicht sichtbar ist. Danach füllte ich das Protokoll aus. Außerdem habe ich sie auf die strafrechtlichen Folgen hingewiesen, falls das Siegel entfernt werden sollte.

Noch am gleichen Tag erschien Frau Summer nachmittags in meinem Büro und zahlte ihre Schulden. Dabei war sie mit einem Rollkragenpullover und einer langen Hose bekleidet. Ein anderer Auftrag ist in den Folgejahren gegen die „Verführerin" nicht mehr gekommen.

10 Die Waldfee

Manchmal ist es unglaublich, was sich meine Schuldner einfallen lassen, um sich einer Vollstreckung zu entziehen. Gelegentlich wird lange Zeit der Briefkasten nicht geleert, andere wiederum lassen sich verleugnen oder täuschen eine Krankheit vor.

Dieses Mal hatte ich einen Haftbefehl gegen eine 40-jährige Schuldnerin zu vollziehen, die zuvor zu einem Termin zur Abgabe der Vermögensauskunft unentschuldigt nicht erschienen war. Wiederholt versuchte ich sie zu erreichen - vergeblich. Meine schriftlichen Androhungen, sie in die Justizvollzugsanstalt einzuliefern, halfen ebenfalls nichts. Unter der Woche, abends und auch an einem Samstag traf ich sie nicht an. Ein Hausbewohner bestätigte nur, dass er die Frau ein paar Tage zuvor gesehen habe.

Nach mehreren Anläufen kam mir dann ein Verdacht: Sie wird doch nicht ihr Namensschild ausgewechselt haben? Und tatsächlich, im gleichen Haus stand seit vielen Wochen eine leere Wohnung zum Verkauf. Frau Neidhard hatte ihr Namensschild auf die Glocke dieser Wohnung geklebt. Dies konnte ich aber erst feststellen, als meine Frau im Eingangsbereich des Hauses ständig die Klingel mit dem Namen Neidhard betätigte. Währenddessen ging ich vom Erdgeschoss die einzelnen Stockwerke nach oben. Im vierten Stock angekommen, vernahm ich das Klingeln hinter einer Wohnungstür und entdeckte den entsprechenden Verkaufshinweis. Die Schuldnerin wohnte aber laut Auskunft eines Hausbewohners im zweiten Stock. Dort musste dann meine Ehefrau läuten, während ich im Treppenhaus wartete.

Da Frau Neidhard durch den Türspion nur meine Ehefrau sah, öffnete sie kurz darauf ihre Eingangstür. Mit ein paar Schritten sprang ich aus der Deckung. Völlig überrumpelt sah sich Frau Neidhard meinen gezückten Dienstausweis an, während meine Frau eilig das Haus verließ. Ich drängte mich nun kurzerhand in die Wohnung der Schuldnerin und zeigte ihr den Haftbefehl vor.

Während ich ihr den Sachverhalt erklärte, geriet mein Redefluss immer wieder ins Stocken. So etwas hatte ich noch nie gesehen: In jedem Zimmer war der Boden mit einer dicken Schicht aus Laub und Moos bedeckt! Mit großen Augen ging ich, wie auf einem dicken Polster, von Raum zu Raum. Auf meinen fassungslosen, fragenden Blick reagierend, erklärte sie mir, dass der Wald ihr Lieblingsort sei und sie sich ein bisschen Waldatmosphäre in ihre Wohnung geholt habe.
Bereitwillig machte sie sodann Angaben über ihre Personalien, während ich, mein Schreibzeug nebst den auszufüllenden Formularen auf den Knien balancierend, auf einem Baumstumpf Platz nahm. So setzte ich meine Befragung fort. Gewissenhaft und völlig friedlich erteilte mir Frau Neidhard die erforderlichen Auskünfte. Vom Sozialamt erhielt sie Hilfe zum Lebensunterhalt. Doch die Antwort auf die nächste Frage, ob sie einer Nebenbeschäftigung nachgehe, blieb sie mir schuldig. Stattdessen reagierte sie aggressiv und riss mir das Protokoll aus der Hand! Wütend zerfetzte sie alle fast ausgefüllten Seiten und warf mir die Schnipsel vor die Füße. Die friedliche „Waldfee" verwandelte sich in ein kleines unberechenbares „Monster" und forderte mich mit blitzenden Augen auf, sofort ihr Heim zu verlassen.
Dieser Gefühlsausbruch kam für mich total unerwartet. Völlig geschockt ließ ich sie auf dem Weg zur Tür noch wissen, dass ich nunmehr polizeiliche Unterstützung einfordern würde. Während ich über die Schwelle trat, nahm die Schuldnerin plötzlich Anlauf und schlug die Tür zu. Mit voller Wucht traf mich das Türblatt am Rücken! Ich konnte mich gerade noch am Geländer festhalten, sonst wäre ich die Treppen hinuntergestürzt. Im Erdgeschoss holte mich Frau Neidhard dann ein, entschuldigte sich kleinlaut für ihr grobes Verhalten und schloss mit den Worten: „Dann unterschreib ich halt das Scheißzeug!" So ging ich, sie vorsichtig im Blick behaltend, hinter ihr her, zurück in ihre Wohnung. Nunmehr wurden alle Fragen problemlos beantwortet.

Zwei Jahre später stand Frau Neidhard unter gesetzlicher Betreuung. Sie hatte sich unter anderem im Garten meiner Dienststelle nackt ausgezogen, auf das Gras gelegt und gesonnt. Inzwischen ist sie wohnsitzlos. Manchmal erscheint sie beim Amtsgericht und verrichtet zwischen den geparkten Fahrzeugen ihre Notdurft. Jede ihr zugedachte Hilfe lehnt sie bis heute entschieden ab!

11 Der Poltergeist, ein Original

Eines Morgens erkundigte sich meine Ehefrau, welche Spezialsachen ich an diesem Tage zu bearbeiten hätte. Sie wollte wissen, bis wann sie das Mittagessen fertig haben sollte.
Ja, dieses Mal musste ich tatsächlich zu einem ganz besonderen Kunden, nämlich zu Hans Aggenstein. Dieser war mir bereits aus früheren Vollstreckungsverfahren bestens bekannt. Bei ihm habe ich bisher immer sehr viel Zeit investieren müssen, um eine Zahlung zu erhalten. Ständig hat er mit Gott und der Welt gestritten. Ich kann mich nicht erinnern, dass es eine Sekretärin bei ihm länger als zwei Monate ausgehalten hätte. Selbst seine Anwälte, die er immer wieder wechselte, waren vor seinen Wutausbrüchen und Beleidigungen nicht sicher. So ein Verhalten war bei ihm stets an der Tagesordnung.

„Willst du nicht lieber gleich mit der Polizei hinfahren?", gab mir meine Frau voller Mitgefühl zu bedenken. Sie wusste aus früheren Erzählungen, wie schwierig Aggenstein war.
„Lieber nicht, sonst habe ich für alle Zeit bei ihm verschissen und Widerstand für die Zukunft ist vorprogrammiert", erklärte ich ihr. Vielleicht erwische ich ausnahmsweise einen guten Tag bei ihm, hoffte ich insgeheim.

Ich schwang mich auf mein Motorrad. Meinen Dienstgeldbeutel, die Vollstreckungsunterlagen und meinen Quittungsblock hatte ich diesmal, aus leidvoller Erfahrung, im Rucksack auf dem Rücken verstaut. Zehn Meter vor dem Anwesen des Schuldners hörte ich ihn schon aus einem gekippten Fenster brüllen: „Ihr seid doch alle Lumpen! Von allen werde ich nur noch beschissen!"
Mit dem Helm in der Hand klopfte ich zaghaft an. Den Telefonhörer an sein Ohr gedrückt, riss Aggenstein die Haustür auf und kehrte, ohne mich weiter zu beachten, zu seinem Schreibtisch zurück. Dabei schrie er weiterhin ins Telefon: „Ihr seid doch alle Grattler, mit euch mach ich keine Geschäfte mehr!", dabei schlug er auch noch kräftig mit der Faust auf den Tisch. „Was soll ich mit dem falschen Ersatzteil, das mir geliefert wurde? Steckts euch das Ding sonstwohin! Wegen dieser Schlamperei kann ich jetzt nicht pünktlich liefern. Ich werde ja auch nicht fürs Nasenbohren bezahlt!", tobte er weiter. Nach seinen letzten Worten „Ihr könnts mich alle am ...... lecken", knallte er den Hörer auf die Gabel.

Jetzt erst hatte er realisiert, wer da eigentlich vor ihm stand. „Der Gerichtsvollzieher! Du hast mir gerade noch gefehlt! Schau bloß, dass dich schleichst! Mir reicht's für heut, da brauch ich nicht noch einen Beamtenschädel in meinem Büro! Da ist die Tür!", schrie er erbost und zeigte mit dem Finger darauf. „Im Gegensatz zu dir muss ich jetzt arbeiten! Bist jetzt eigentlich ein Motorradrocker geworden?", schimpfte er weiter mit einem kritischen Blick auf meinen Helm. Beschwichtigend antwortete ich: „Nein, ein Rocker bin ich nicht, sondern nach wie vor ein Bleistiftspitzer!", und setzte mich auf einen Stuhl. Hierauf mein Gegenüber: „Ich hab nicht gesagt, dass du dich hinsetzen kannst!"

Nun versuchte ich ihn mit einem ganz anderen Thema abzulenken und zu beruhigen, indem ich ihm mein Lob für den zweiten Platz bei einer hochdotierten Segelregatta aussprach. Dieses Ereignis hatte ich einen Tag zuvor in der Tageszeitung gelesen. Er setzte sich hierauf auch hin und erzählte mir von seinem Vorschoter, den er als absoluten Deppen bezeichnete. Wegen dessen Unvermögen habe er praktisch den ersten Platz verschenkt. So haben wir uns noch mindestens 20 Minuten über das Segeln unterhalten, bis von ihm irgendwann die Frage kam, was ich denn überhaupt von ihm wolle.

Als ich ihm erklärte, dass die Stadt von ihm die Feuerschutzabgabe einfordere (diese wurde bis 1995 von fast jedem männlichen Erwachsenen, der keinen Dienst in der freiwilligen Feuerwehr leistete, verlangt), sprang er wild gestikulierend auf, packte einen leeren Eimer und versuchte durch Luftbewegungen zu demonstrieren, dass er im Falle eines Brandes alles an seinem Anwesen selber löschen könne.
„Ich finanziere doch nicht deren neue Lagerhalle für Tatü-Tata-Fahrzeuge! In jedem Kaff gibt es eine Feuerwehr, die nur eines kennt: den Brandherd im eigenen Körper zu löschen! Sonst haben die doch alle keinen Wert."
„Na, wenigstens brauchst keine Hundesteuer zu entrichten", antwortete ich. „Außerdem haben bis jetzt alle den Betrag bezahlt. Jeder geht immer auf mich los, dabei kann ich am wenigsten dafür."
„Na ja, da hilft wohl nichts!", gab er schließlich nach. Er schrieb einen Scheck über den auf dem Protokoll vermerkten Betrag nebst Kosten aus. Dann nahm ich das Ausstandsverzeichnis, um es dem Schuldner noch einmal zu zeigen. Oh Schreck! Da stand eine andere Forderung darauf. Meine Angestellte hatte die Zahlen verdreht. Statt 96,00 DM waren nur 69,00 DM auf dem Protokoll vermerkt. Wie bringe ich ihm das jetzt nur bei, ohne dass er gleich wieder ausrastet?

Ich sprang auf und ließ meinem Ärger freien Lauf, so wie es der Schuldner auch immer machte: „Oh nein, was hat da meine Tippse wieder verbrochen! Die ist doch zu blöd, um die richtigen Zahlen vom Ausstandsverzeichnis auf das Protokoll zu übertragen", empörte ich mich lautstark und fuchtelte wie wild mit dem Kugelschreiber herum. „Stell dir vor, was sich meine Angestellte erst vor ein paar Tagen noch geleistet hat ...", und ich erzählte ihm die tatsächlich passierte Story mit meiner Dienstpost:

„Meine Sekretärin und ich fuhren nach Büroschluss zum Hauptpostamt in die Stadt. Wie üblich war kein Parkplatz frei. Ich hielt vor der Einfahrt zu einer Zahnarzt- und Rechtsanwalts-Praxis an und schickte meine Schreibkraft dann alleine mit der unfrankierten Post und dem Geld für die Briefmarken in das Gebäude. Sie sollte dort Marken kaufen, alle Briefe frankieren und dann abgeben. Doch was macht sie? Aus dem Autofenster beobachtete ich entsetzt, wie sie die unfrankierten Sendungen vor dem Betreten der Post in den großen Briefkasten im Eingangsbereich einwarf! Zehn Minuten später kam sie mit den Marken in der Hand zum Auto zurück!"

Ich schüttelte bekümmert den Kopf. „Manchmal ist sie schon ziemlich schusselig! Sie hat schon mal so einen Zahlendreher auf dem Protokoll produziert. Da stand ich dann anstatt bei der Schuldneradresse vor dem Friedhof. Und stell dir vor, in einer anderen Sache hat sie den Schuldner mit dem Gläubiger vertauscht! Das war besonders peinlich für mich, da beide bei mir im Bezirk gewohnt haben.

Der absolute Gipfel war allerdings, als sie mein Dienstgeld in Höhe von ca. 2.000 Mark, das sie eigentlich auf meiner Bank einzahlen sollte, mit der frankierten Post in den gelben Briefkasten eingeworfen hat. Zwei Stunden mussten wir auf den Postbeamten warten, der den Briefkasten wegen uns extra viel früher entleeren musste. Erst durch Vorlage meines Dienstausweises konnte ich nachweisen, dass ich auch berechtigt war, das Kuvert wieder in Empfang zu nehmen. Die hat doch kein Hirn!", ereiferte ich mich. „Jetzt schmeiß ich sie raus!"

Hierauf Aggenstein zu mir: „Ich hab's dir doch schon immer gesagt, dass die Weiber alle keinen Wert haben. Anscheinend ist deine Büro-

tussi noch blöder als meine. Warum glaubst du denn, dass ich alle zwei bis drei Wochen eine andere Bürokraft habe? Jetzt reg dich nicht so auf! Dann kriegst halt einen neuen Scheck von mir!"
Stolz auf meine schauspielerischen Leistungen nahm ich den neuen Scheck entgegen und verabschiedete mich rasch. Das war ja noch einmal gut gegangen. Wieder einmal hatte sich bestätigt, dass man bei Aggenstein nur dann erfolgreich sein konnte, wenn man wie er so richtig über Gott und die Welt lästerte.

12 Der Dieb in meinem Büro

Wieder einmal war ich mit einem Auftrag zur Zwangsvollstreckung auf dem Weg zur Wohnung eines Schuldners. Mit Herrn Ständler, von Beruf Schlosser, hatte ich bis zu diesem Zeitpunkt nichts zu tun gehabt. Es war gegen 9 Uhr, als ich an der Haustür des Einfamilienhauses läutete. Aus dem Haus drangen Kinderstimmen, also war jemand daheim. Als mir Ständlers Ehefrau öffnete, stellte ich mich zunächst vor und zeigte meinen Dienstausweis. Da die Frau erklärte, die Forderung nur in Raten begleichen zu können, habe ich dies entsprechend in meinem Protokoll vermerkt und darauf hingewiesen, dass bei Nichteinhaltung der vereinbarten Teilzahlungen die Möglichkeit der Ratenzahlung widerrufen würde. Der Rechnungsbetrag nebst Kosten und Zinsen wurde schließlich innerhalb von sechs Monaten bei mir beglichen. Ich musste jedoch immer wieder an die rechtzeitige Zahlung erinnern. Und so wurden auch weitere, anschließend bei mir eingegangene Aufträge nur durch mehrere Zahlungserinnerungen abgewickelt.

Bisher hatte ich weder persönlich noch telefonisch Kontakt mit Herrn Ständler gehabt. Nur die Ehefrau war der alleinige Ansprechpartner in diesen Dingen. Bei einem weiteren Auftrag habe ich schließlich, auf Antrag des Gläubigers, Herrn Ständler in mein Büro vorgeladen. Das Schriftstück für den von mir festgesetzten Termin warf ich, nachdem ich niemanden angetroffen hatte, in den Briefkasten. In dieser Ladung wurde vorschriftsmäßig darauf hingewiesen, dass bei unentschuldigtem Fernbleiben, gemäß dem Antrag des Gläubigervertreters, ein Haftbefehl ergehen würde. Der Vorgeladene ist zum festgesetzten Termin nicht erscheinen. Einen Tag später teilte er mir per E-Mail mit, dass er den Termin versehentlich nicht wahrgenommen habe. Gleichzeitig beantragte er eine Ratenzahlung. Dies wurde von mir jedoch per Antwort-E-Mail abgelehnt.

Am nächsten Tag kam Herr Ständler sehr aufgebracht in mein Büro. Er forderte mich auf, ihm doch meinen Dienstausweis vorzulegen und zugleich eine Abstammungsurkunde zu zeigen, ob ich überhaupt deutscher Staatsbürger sei. Schließlich bemängelte er noch, dass das Urteil und der Kostenfestsetzungsbeschluss nicht im Original vorlägen und vom Richter nicht unterschrieben seien. Außerdem meinte er noch, die BRD habe keinen gültigen Friedensvertrag, wir seien noch von den Siegermächten besetzt und meine ganzen Amtshandlungen seien nichtig. Nachdem ich vergeblich versucht hatte, ihm die Rechtslage zu erklären, drohte er mit Strafanzeige gegen mich. Ich sollte sämtliche Vollstreckungshandlungen gegen ihn einstellen.
Durch ein Telefongespräch in anderer Sache wurde ich kurz abgelenkt und bemerkte nicht, wie er den Kostenfestsetzungsbeschluss in seiner Tasche verschwinden ließ. Erst nach vollständiger Zahlung wäre dieser Vollstreckungstitel an ihn ausgehändigt worden. Schließlich beschwerte er sich auch noch über mein Telefonat mit einem anderen Schuldner. Hierauf habe ich den uneinsichtigen Gesprächspartner unter Hinweis auf den nunmehr zu beantragenden Haftbefehl meines Büros verwiesen.
Erst jetzt bemerkte ich, dass mir der Kostenfestsetzungsbeschluss abhanden gekommen war. Den Diebstahl hatte ich nicht mitbekommen. Das wichtige Schriftstück konnte ja auch versehentlich in eine andere Akte gelegt worden sein. Doch auch nach längerer Suche bin ich nicht fündig geworden und so habe ich einen Tag später, dem Antrag des Gläubigers folgend, beim Vollstreckungsgericht um Erlass eines Haftbefehls ersucht. Zur Risikovermeidung wurde dem Schuldner aufgegeben, eine Woche später im Amtsgericht, unter Vorlage sämtlicher Unterlagen (Kontoauszüge, Lebensversicherungspolicen, Lohnbescheinigungen, Rentenversicherungsnachweise u.a.) zu erscheinen. Wichtig erschien mir, dass sich der Schuldner, ähnlich wie beim Flughafen, durch die Sicherheitsschleuse meiner Dienststelle begeben müsse. Weiter bat ich einen Wachtmeister, bei der anschließenden Einvernahme anwesend zu sein.

Diesmal erschien Herr Ständler zum Termin und ich wies ihn darauf hin, dass er, falls er fahrlässig oder vorsätzlich falsche Angaben mache, mit einer Geldstrafe oder einer Freiheitsstrafe von ein bis drei Jahren bestraft werden könne. Zuvor habe ich ihn noch gefragt, ob er neulich den KfB mitgenommen habe. Hierauf bekam ich zur Antwort, ich hätte ihm den Titel ausgehändigt, weil er mir 1000 Euro in bar auf meinen Schreibtisch gelegt habe. Dies war jedoch gelogen, da er in diesem Fall unaufgefordert eine Quittung erhalten hätte. Nunmehr drohte er mir mit einer Strafanzeige wegen Unterschlagung. Meine weiteren Fragen zu seinen Vermögensverhältnissen beantwortete er in aggressivem Ton. Mehrmals musste ich mit seiner Einlieferung in die Justizvollzugsanstalt drohen, da er immer wieder auf wichtige Sachverhalte nicht einging. Erst nach mehr als einer Stunde zäher Befragung unterzeichnete er das Protokoll und verließ wutentbrannt den Sitzungssaal. Anschließend habe ich meinem Vorgesetzten von diesem Vorfall berichtet. Dieser hat sodann eine Strafanzeige wegen Diebstahls beziehungsweise Urkundenunterdrückung bei der Staatsanwaltschaft gestellt. Zugleich wurde von ihm eine Hausdurchsuchung wegen des Verbleibs des Vollstreckungstitels angeregt.

Monate später wurde ich zur Zeugeneinvernahme bei der Polizeiinspektion vorgeladen. Hier sollte ein von der Schuldnervertreterin vorgelegter Fragenkatalog von mir beantwortet werden. In diesem Schriftstück hatte die Anwältin von Herrn Ständler wahrheitswidrige Behauptungen aufgestellt, die ich durch den festgehaltenen E-Mail-Kontakt entkräften konnte. Die Einstellung der Strafanzeige kurze Zeit später durch die Staatsanwaltschaft gegen mich war die Folge.
Ein halbes Jahr später erhielt ich eine Vorladung als Zeuge zur Hauptverhandlung beim Amtsgericht. Hier erschien der Schuldner persönlich, jedoch ohne seine Anwältin. Sie hatte ein paar Tage vorher das Mandat, aus mir unbekannten Gründen, niedergelegt. Anwesend waren noch sieben Polizeibeamte, davon drei Kollegen in Zivil. Es war zu befürchten, dass der Schuldner auch noch Gesinnungsgenossen der sogenannten Reichsbürgerbewegung als Zuschauer mitbringen würde. Eini-

ge Monate zuvor war von dieser Gruppe beim Amtsgericht Kaufbeuren eine Strafsitzung erheblich durch Zwischenrufe gestört und schließlich die Strafakte gestohlen worden.
Beim Termin verhielt sich der Angeklagte anfangs relativ ruhig. Erst bei der Urteilsverkündung zu einer Geldstrafe in Höhe von 4200 Euro wurde sein Ton etwas rau. Er erklärte, gegen das Urteil Rechtsmittel einlegen zu wollen.
Viele Monate später fand die durch seinen neuen Verteidiger veranlasste Berufungsverhandlung vor dem Landgericht statt. Bei meiner Zeugeneinvernahme wurde ich von seinem Anwalt nach dem Verbleib der mir angeblich übergebenen 1000 Euro befragt. Ich antwortete hierauf: „Der Angeklagte hat mich zum einen nicht als Vollstreckungsorgan akzeptiert, zum anderen wurde von ihm die Rechtmäßigkeit des Vollstreckungstitels angezweifelt. Außerdem wurde ich wegen Amtsanmaßung angezeigt und der Friedensvertrag der BRD in Frage gestellt. Dennoch will mir Ihr Mandant Bargeld überreicht haben? Das soll er doch bitte Ihnen, dem Gericht und der Frau Staatsanwältin erklären!"
Hierauf wurde die Sitzung auf Antrag des Verteidigers unterbrochen. Im Anschluss daran blieb mir eine weitere Zeugeneinvernahme erspart. Nachdem sich das Gericht zu einer kurzen abschließenden Beratung zurückgezogen hatte, wurde das Strafmaß der ersten Instanz reduziert.

13 Der „Stacheldrahtmann"

Vor ein paar Jahren fuhr ich an einem schönen Sommertag, mit dem Auftrag einer Reisegesellschaft, zu Rainer Kümmerling. In dem Auftrag wurde ich vom Gläubigervertreter bezüglich des Schuldners auf ein erhöhtes Sicherheitsrisiko hingewiesen. Kümmerling wurde angeblich von einem nationalsozialistisch geprägten Verein vertreten, der bereits völlig uferlose Anträge und Schriftsätze angefertigt hatte. Dieser Verein war der Justiz bereits einschlägig bekannt, was zur Folge hatte, dass ein Richter nur unter Beiziehung von Polizeischutz verhandeln konnte. Dem jungen Mann bin ich bereits bei früheren Verfahren, die jedoch seine Mutter betrafen, begegnet. Diese Forderungen wurden regelmäßig sofort bezahlt. Beim letzten Auftrag gab es dagegen größere Schwierigkeiten.

Die Schuldnerin sollte für eine Ferienwohnung in den Bergen eine Zweitwohnsitzabgabe entrichten, deren Rechtmäßigkeit von ihr stark angezweifelt wurde. „Ich möchte erst noch meinen Rechtsanwalt mit der Wahrnehmung meiner Interessen beauftragen! Sie müssen mir noch Zeit geben, bis die Angelegenheit notfalls gerichtlich geklärt wird!", forderte sie nachdrücklich. Mit meinen Erklärungsversuchen, dass diese Ausfertigung vollstreckbar sei und mir die gesetzlichen Bestimmungen keinen Spielraum ließen, versuchte ich sie zu überzeugen, die geforderte Summe erst einmal zur Abwendung der Zwangsvollstreckung zu bezahlen. An Geld mangelte es der Schuldnerin nicht. Sie hatte ein gutgehendes Geschäft in der Stadt und war Eigentümerin eines Mehrfamilienhauses. Trotzdem verweigerte sie die Zahlung.

Ärgerlich machte ich mich unverrichteter Dinge auf den Heimweg. Nur gut, dass ich Kenntnis über ihre Bankverbindung hatte. So gab ich diese Daten an die Gläubiger weiter, mit der Anregung, eine Kontopfändung durchzuführen, die auch eine Woche später veranlasst wurde. Der Sohn der Schuldnerin empörte sich über diesen Vorgang so sehr, dass er bei der zuständigen Bank einen „Aufstand" veranstaltete. Er erhielt Hausverbot und alle Konten wurden aufgelöst. Ich sah deshalb eine neue Konfrontation mit dem Sohn auf mich zukommen. Dieser jetzt vorliegende Auftrag betraf ja ihn und nicht seine Mutter. Seine Aktion in der Bank hatte gezeigt, wie unberechenbar er war, und ich rechnete mit großem Ärger von seiner Seite.

Und tatsächlich, als ich an Ort und Stelle angekommen war, bestätigten sich meine Befürchtungen. Der Schuldner hatte am Zaun des elterlichen Anwesens einen Stacheldraht angebracht. Auf einem großen Schild stand der Hinweis: „Hier militärisches Hoheitsgebiet - betreten verboten!" Na super, dachte ich, jetzt sind sie anscheinend ganz durchgeknallt!

Trotzdem betätigte ich unbeeindruckt die Glocke am Eingangstor zum Grundstück. Kurz darauf erschien Herr Kümmerling mit grimmiger Miene. Bekleidet war er mit einem Ledermantel und Springerstiefeln. Vom Hauseingang bis zum Gartentor legte er ca. 20 Meter zurück und fotografierte mich dabei ständig. Ich zeigte ihm meinen Dienstausweis und den Vollstreckungstitel. Deutsche Gesetze seien für ihn nicht bindend! Nur die Siegermächte seien von Bedeutung!, wurde ich von ihm wütend belehrt.

Oje, ein Reichsbürger! Das hat mir gerade noch gefehlt, dachte ich verärgert. Es schien mir sinnlos, ihn von diesem Schwachsinn abzubringen. Er forderte mich nun auf, weiter vor dem Gartentor zu warten, da er ein dringendes Gespräch führen müsse. Mit dem Hörer in der Hand tauchte er kurze Zeit später wieder auf und übergab ihn mir. Ich vermutete seinen Rechtsanwalt am anderen Ende der Leitung und hoffte auf ein sachlich klärendes Gespräch. Irrtum!

Der Gesprächsteilnehmer stellte sich als Vorsitzender des Kriegsgerichts vor. Er drohte mir mit der Beschlagnahme meines gesamten Vermögens und einer Strafzahlung, die so hoch ausfallen würde, dass sogar meine Kinder und Enkelkinder noch diesen Betrag abstottern müssten. Außerdem stellte er mir noch meine Verhaftung durch die Militärpolizei in Aussicht. Meine Einlieferung sollte dann auf Guantanamo in Kuba erfolgen. Es seien bereits zwei Gerichtsvollzieher in Dresden und Berlin vor ein paar Tagen verhaftet worden. Sie würden bereits bei Wasser und Brot schmoren, ließ er mich wissen. Außerdem soll noch während einer Hauptverhandlung ein vorsitzender Richter fluchtartig den Sitzungssaal verlassen haben, um sich seiner Verhaftung zu entziehen. Ich bedankte mich beim Anrufer noch ironisch für die neuzeitliche Märchenstunde und reichte den Hörer wieder zurück an den Schuldner. Nachdem dieser hierauf die Zwangsvollstreckung verweigert hat, verließ ich den Ort des Geschehens. Im Büro angekommen, habe ich den Schuldner sodann antragsgemäß zur Abgabe der Vermögensauskunft durch eine Postzustellung vorgeladen.

In den folgenden Tagen wurde mein Faxgerät mit Schreiben von Kümmerling „zugemüllt". Die Schriftsätze waren in altdeutscher Schrift verfasst und mit einem Reichsadler versehen. Mein Handeln wurde entschieden zurückgewiesen, weil es allen gültigen Völker-, Kriegs-, Besatzungs-, Reichsstaats-, Reichsländerverfassungs- und Menschenrechtsnormen widerspreche. Ich sollte dem Schuldner gegenüber innerhalb von zehn Tagen folgende Nachweise erbringen:

1. meine Staatsangehörigkeit
2. meine Legitimation als Hauptgerichtsvollzieher

3. eine Legitimation meiner Person aus der Verfügung vom 21.5.1996, Aktennummer 5 u D - 885-957103160 Moskau
4. Meine Genehmigung gem. SHAEF-Gesetz Nr. 2 Artikel V Abs. 9 der Militärregierung u.a.

Außerdem sollte ich dem Schuldner noch eine weitere Urkunde vorlegen, die belegt, dass nach dem Zweiten Weltkrieg ein Friedensvertrag zwischen Deutschland und den Siegermächten abgeschlossen wurde.

Der Schuldner erteilte mir außerdem Haus- und Hofverbot und drohte mit Strafanzeigen gegen mich, die er beim US-Department of Justice in Washington und bei der Generalstaatsanwaltschaft der russischen Föderation in Moskau gegen mich einlegen würde. Die Strafanzeige würde dann auf den noch festzustellenden Schaden und eine zusätzliche Schadensersatzforderung in Höhe von 250.000 - in der Währung, die 30 Jahre nach dem bevorstehenden Friedensvertrag mit dem Deutschen Reich und der danach geltenden Währung noch Gültigkeit habe - lauten. Ich solle auch meine illegalen Handlungen gegen ihn einstellen, andernfalls wolle er eine Schadensersatzforderung über ein amerikanisches Gericht (Alien Tort Act) gegen mich einklagen.

Erwartungsgemäß ist Herr Kümmerling zum festgesetzten Termin nicht erschienen. Ich erwirkte auf Antrag des Gläubigervertreters in den folgenden Tagen einen Haftbefehl, um möglichst bald der Papierflut durch den Schuldner ein Ende zu setzen.
Ein paar Tage später, es war an einem sonnigen Samstag im Sommer, machte ich mich mit zwei Polizeibeamten auf den Weg zum Anwesen des Schuldners. Frau Kümmerling saß gerade mit ihrem Ehemann im Garten beim Frühstücken. Sie erkannte mich sofort. Sichtlich beeindruckt von meinem Aufmarsch mit der Polizei, holte sie sogleich das Scheckbuch aus dem Haus und bezahlte die gesamte Forderung. Diese Aktion schien für sie und ihren Sohn heilsam gewesen zu sein, denn bis heute hatte ich mit der Familie Kümmerling nichts mehr zu tun.

14 Der Spendenaufruf - Kinder in Not

Unsere Tochter kam vor vielen Jahren mit folgendem Spendenaufruf von der Schule nach Hause:
Wie wir alle aus den Medien wissen, wird die Not der Menschen in den Kriegsgebieten immer unerträglicher. Unsere Schule möchte sich gerne an einer Hilfsaktion beteiligen. Dafür bedarf es unser aller Hilfe. Wir bitten Sie, nicht beschädigte Kinder- und Jugendkleidung zu sammeln und diese Ihren Kindern mit in die Schule zu geben. Die Kleidung sollte in Plastiksäcken oder Kartons (bitte Name und Klasse angeben) verpackt sein. Wer Geld spenden möchte, für Transport, Grundnahrungsmittel und Medikamente, kann dies auf das folgende Konto überweisen: ....
Das Geld wird von dem Verein ‚Kinder aus Krisengebieten e.V' unbürokratisch und zuverlässig zu den Bedürftigen weitergeleitet. Wir danken allen Eltern im Voraus für ihre Mithilfe. Für den Transport der gespendeten Kleidung benötigen wir noch einige Kleinbusse. Wer von den Eltern kann uns seinen Bus zur Verfügung stellen? Das genaue Datum für den Abtransport wird Ihnen noch telefonisch mitgeteilt. Wir bitten Sie, Ihrem Kind diesen Verteiler nur dann in die Schule mitzugeben, wenn Sie uns einen Bus mit Fahrer zur Verfügung stellen können.

Meine Frau war von diesem Aufruf ganz begeistert und wollte mit einer großzügigen Spende etwas Gutes tun.
Insbesondere durch mein beruflich bedingtes Misstrauen veranlasst, stellte ich nach Einsicht im Vereinsregister meiner Dienststelle fest, dass der Verein ‚Kinder aus Krisengebieten e.V.' wegen fehlender Unterlagen gar nicht eingetragen werden konnte. Es wurde zwar ein entsprechender Antrag gestellt, doch die Satzung nebst den Unterschriften der Gründungsmitglieder fehlte. Außerdem waren einige Mitglieder wieder ausgetreten. Die Vereinsvorsitzenden waren mir sehr gut bekannt, da sie bereits den Offenbarungseid geleistet hatten.

Ich setzte mich also umgehend ins Auto und fuhr zum Anwesen des Vereins. Auf dem Hof konnte ich sieben nahezu neuwertige Mittelklassefahrzeuge erkennen. Außerdem waren mehrere Garagen mit Kleidungsstücken randvoll gefüllt. Auf dem Rückweg zu meinem Büro informierte ich meinen Chef über meine Ermittlungen und bat ihn um seinen Rat, welche Möglichkeiten es gebe, diesen Verein auf eventuelle Unregelmäßigkeiten zu überprüfen. Er hat jedoch aus datenschutzrechtlichen Gründen erhebliche Bedenken angemeldet.
Einige Tage später erhielten verschiedene Tageszeitungen anonyme Hinweise über mehrere Verdachtsmomente.
Kurz darauf wurde dem Verein durch das Finanzamt die Gemeinnützigkeit entzogen. Das Landratsamt verbot das weitere Einsammeln von Spenden. Das Vereinskonto wurde gesperrt und das BRK wurde als Treuhänder eingesetzt. Bei der behördlichen Prüfung der vorgelegten Unterlagen des Vereins hatten sich erhebliche Missstände bei der Verwendung der Spendenbeträge ergeben. Der über die Schule erfolgte Spendenaufruf wurde sofort eingestellt.
Insgesamt waren 545 000 DM gesammelt worden. Die Vereinsvorsitzenden hatten sich bei ihrer Initiative für einen guten Zweck nicht vorstellen können, dass sie derart zwischen die Mühlsteine von Justiz und Behörden geraten könnten. Sie machten Konkurrenzdenken und schlichten Neid der Großorganisationen für ihre Probleme verantwortlich und beauftragten eine sehr bekannte Münchner Anwaltskanzlei mit der Wahrnehmung ihrer Interessen.

Wie später bekannt wurde, herrschte auch Aufregung bei den Familien, die bereit waren, ein Kind aus den Kriegsgebieten vorübergehend aufzunehmen. Nachdem die Vermittlung nicht geklappt hatte, wollten viele ihre Verpflichtungserklärung zurückhaben, in der sie alle Kosten für die Kinder zugesichert hatten. Dies war Voraussetzung für das Einreisevisum. Da die Namen der Kinder anfangs nicht feststanden, waren die Formulare „blanko" unterschrieben worden. Solche Papiere sind angeblich in Salzburg aufgetaucht und sollen schon mal mit 5000 DM gehandelt worden sein. Der Sohn der Vereinsvorsitzenden war mit einem in der Höhe völlig überzogenen Gehalt als Dolmetscher tätig. Dabei waren seine entsprechenden Sprachkenntnisse äußerst dürftig.

Die Vereinsvorsitzenden erhielten eine Strafanzeige. Der genaue Ausgang des Verfahrens ist mir leider nicht mehr in Erinnerung.

15 Der betrogene Ehemann

An einem Donnerstag, ich arbeitete in meinem häuslichen Büro, sorgte meine Frau mal wieder für Erheiterung. Vor etwa zehn Minuten hatte ich sie im Treppenhaus vor sich hin schimpfen gehört: „Wie blöd kann man eigentlich sein? Wo habe ich nur meinen Verstand gelassen? Das darf doch nicht wahr sein!"

Neugierig begab ich mich die Treppe hinunter. „Was darf nicht wahr sein?", fragte ich. Mit einer fremden Mütze in der Hand stand meine Frau, rot im Gesicht vor Ärger, am Treppenaufgang.

„Du kannst dir nicht vorstellen, was mir gerade Peinliches passiert ist. Normalerweise fahre ich ja mit unserem alten Audi zum Metzger. Da aber dein Passat gerade draußen stand, fuhr ich mit diesem los. Als ich dann mit meinen Einkäufen den Laden verließ, hatte ich doch glatt vergessen, mit welchem Pkw ich gefahren bin, und setzte mich in einen alten Audi, der unverschlossen rechts vor dem Eingang parkte. Ich öffnete die Tür und warf wie immer den Einkaufskorb auf den Beifahrersitz. Danach versuchte ich den Audi zu starten. Ich drehte und fuchtelte mit dem Schlüssel im Schloss herum, aber er sprang nicht an. Ich war schon kurz davor auszurasten, als ein Mann wütend die Tür aufriss. ‚Was machen Sie in meinem Auto?'

Erst jetzt dämmerte es mir, dass ich im falschen Fahrzeug saß! Ich stotterte eine Entschuldigung hervor und ergriff die Flucht zu unserem Passat. Ich schwör dir, der Audi sah aus wie unserer! Der Lack, die Machart und die Farbe der Sitze. Und jetzt stehe ich auch noch mit einer falschen Mütze da, die ich im Eifer des Gefechts anscheinend mit der Metzgertüte zusammen vom Beifahrersitz mitgehen ließ. Ich muss sie sofort zum Geschäft zurückbringen, vielleicht kennen sie ja den Besitzer. Die werden sich totlachen, wenn ich ihnen die Geschichte erzähle, zumal ich mir vor ein paar Wochen schon so etwas in der Art geleistet habe.

Damals war ich nur mit meinem Geldbeutel in der Hand und ohne meine übliche Einkaufstasche beim Metzger. Als ich zu Hause war, wunderte ich mich beim Auspacken über einen fremden Geldbeutel in einer Tasche, die aussah wie meine. Auf einmal hatte ich zwei Taschen zu Hause. Diese eine gehörte mir definitiv nicht.
Ein paar Minuten später, zurück in der Metzgerei, sah ich einen älteren Mann, der verzweifelt seine Tasche suchte. ‚Herrgott na, wo ist denn bloß meine verflixte Taschn hikumma', murmelte er vor sich hin. Mit einer Entschuldigung gab ich ihm seine Tasche zurück. Alles lachte, als ich ihnen von der Verwechslung erzählte.
Und jetzt schon wieder so eine Peinlichkeit! Ich will mir gar nicht ausmalen, was die alle jetzt über mich denken, wenn ich ihnen nun die Mütze bringe und von der Autoverwechslung erzähle." Völlig aufgelöst stürzte meine Frau wieder aus dem Haus und ich fuhr gleich anschließend schmunzelnd in mein offizielles Büro in der Stadt.

Ach, wie gut, dass heute schon Donnerstag ist, dachte ich mit einem Blick aus dem Bürofenster. Für die nächsten Stunden erwartete ich keine größeren Probleme. Noch ein bisschen Außendienst und die Woche ist schon so gut wie gelaufen!, freute ich mich. Der Kollege, mit dem ich in Bürogemeinschaft war, hatte einen Gerichtstermin in München. So räumte ich noch in aller Ruhe ein paar Akten weg und vereinbarte mit Schuldnern, die sich telefonisch bei mir gemeldet hatten, feste Besuchstermine.
Ich war schon auf dem Weg zur Tür, als kurz vor Ende meiner Sprechzeit das Telefon klingelte. Mist, zwei Minuten noch! Da muss ich wohl hingehen!, dachte ich bedauernd. „Gerichtsvollzieherbüro Kraglbinder", meldete ich mich, nichts Schlimmes ahnend.
„Sepp, es tut mir schrecklich leid, dass ich dich als Vertreter von Hans noch mit einer sehr unangenehmen Sache behelligen muss", tönte es mir von Silvia, einer Angestellten des Familiengerichts, entgegen. „Wir brauchen dich möglichst sofort für eine Gewaltschutzsache. Eine Frau Vogeltaler traut sich nicht mehr nach Hause. Anscheinend wurde sie

von ihrem Ehemann verprügelt. Sie hat große Angst, dass er sie umbringt."
„Na super, das kann ja heiter werden! Und ich träumte schon vom Feierabend", murrte ich auf dem Weg zum Amtsgericht vor mich hin. Dort musste ich die einstweilige Anordnung abholen, die mich ermächtigte, den Ehemann auch notfalls mit Unterstützung der Polizei aus der Wohnung zu setzen.
Die Antragstellerin wartete bereits im Amtsgericht auf mich. Dieser richterliche Beschluss wurde vom Familiengericht erlassen, nach Vorlage einer ärztlichen Bescheinigung und der eidesstattlichen Versicherung von Frau Vogeltaler. In dieser hatte sie ausdrücklich die Richtigkeit ihrer Angaben versichert. Es war zu befürchten, dass sich die Handgreiflichkeiten wiederholen würden. Außerdem wurde die alleinige elterliche Sorge für die zwei minderjährigen Kinder im Alter von sieben und neun Jahren vorerst der bedrohten Ehefrau übertragen.
Derartige Aufträge lösen in meinem Kollegenkreis immer ungute Gefühle aus. Bei Familienstreitigkeiten können sich Emotionen sehr schnell entladen und eine erhöhte Aggressionsbereitschaft verursachen. Das kann leicht aus dem Ruder laufen und einen Amoklauf auslösen. Ich kannte die Beteiligten nicht und auch die familiäre Situation war mir nicht bekannt. Mit Rücksicht auf die Kinder habe ich von der Beiziehung polizeilicher Unterstützung abgesehen. Diese konnte ich ja jederzeit in Anspruch nehmen, falls dies erforderlich werden sollte.

Nach einer halbstündigen Autofahrt erreichte ich schließlich die im Beschluss angegebene Adresse. Ich wies Frau Vogeltaler an, ein paar Häuser weiter zu warten, damit zum Antragsgegner kein Blickkontakt entstehen konnte.
Was wird mich wohl hinter der Tür erwarten, fragte ich mich mit Sorge. Zunächst tat sich gar nichts auf mein Klingeln. Erst nach dem dritten Versuch öffnete sich die Tür. Vor mir stand ein großer, muskulös wirkender Mann. Mit finsterer Miene warf er einen Blick auf meinen Dienstausweis und wollte die Haustür fast schon wieder zuknallen.

„Sie können gleich wieder fahren, ich lasse Sie nicht rein! Ich kann mir schon denken, wer Sie geschickt hat. Mit diesem Weib will ich nichts mehr zu tun haben. Hau'n Sie ab!"
Nach längerem Zureden und auf meinen Hinweis, die Kinder nicht mit der Polizei erschrecken zu wollen, ließ er mich schließlich ins Haus. Je aufgebrachter er wurde, umso ruhiger wurde ich im darauffolgenden Gespräch. Vorwürfe oder aggressive Belehrungen bringen in so einer Situation gar nichts. Endlich hatte ich ihn so weit, dass wir vernünftig über die, aus seiner Sicht, unsinnige Anordnung sprechen konnten. Währenddessen läutete das Telefon. Ich entnahm diesem Gespräch, dass sich eine Lehrerin erkundigte, warum die Kinder so unregelmäßig die Schule besuchten und auch die Hausaufgaben immer wieder unvollständig waren. Anscheinend war in dieser Familie schon länger der „Wurm" drin. Schließlich vertröstete Herr Vogeltaler die Lehrkraft auf ein persönliches Gespräch am nächsten Schultag.
Kaum war dieses Telefonat beendet, klingelte es erneut. Diesmal war seine Schwiegermutter in der Leitung. Verzweifelt schilderte er ihr seine Lage und las den Inhalt des Gerichtsbeschlusses vor. Anschließend reichte er mir den Telefonhörer weiter. Aufgebracht schimpfte die Frau ins Telefon und bezichtigte ihre eigene Tochter als Schlampe und großes Miststück. Sie flehte mich an, ihren Schwiegersohn in der Wohnung verbleiben zu lassen, weil sie große Angst um ihre Enkelkinder habe. Ihre Tochter kümmere sich kaum um die Kinder. Oft sei sie mehrere Tage gar nicht erreichbar und streife mit verschiedenen Männern durch die Kneipen. „Was soll jetzt aus den beiden Kindern werden, wenn jetzt auch noch der Vater weg ist? Das wäre eine Katastrophe!", rief sie verzweifelt.
Puh, inzwischen stieg bei mir der Puls merklich an. Wo bin ich da nur hineingeraten?! Wie erkläre ich der Großmutter, dass mir die Hände gebunden sind und ich als Vollzugsorgan die Rechtmäßigkeit des Beschlusses nicht zu überprüfen habe, fragte ich mich ratlos. So versuchte ich sie erst einmal zu beruhigen und Verständnis zu zeigen. Außerdem versprach ich ihr, mich - falls erforderlich - als Zeuge zur Verfügung zu stellen. „Doch jetzt bin ich an die richterliche Anordnung

gebunden, und wenn nötig, muss ich Ihren Schwiegersohn mit Hilfe der Polizei zum Verlassen der Wohnung zwingen." So beendete ich dieses Telefongespräch.
Kurz darauf kamen die Kinder aus der Schule heim. Sie machten große Augen, als sie mich, einen fremden Mann, bei ihrem psychisch sichtlich angeschlagenen Vater antrafen. Feindselig starrten sie mich an, als ihr Papa ihnen vorsichtig zu erklären versuchte, dass er die Wohnung verlassen müsse. Schreiend stürzten die Kinder aus dem Wohnzimmer und fingen an, in ihrem Zimmer zu randalieren. Sie warfen Spielzeug durch die Gegend und trampelten wütend darauf herum. Dabei schrien sie ihre ganze Verzweiflung heraus: „Wir bleiben nicht bei Mama, nur bei dir, Papa!"
Kurz darauf hupte die Antragstellerin mehrmals vor dem Haus. Sie verlor unüberhörbar die Geduld. Bevor möglicherweise alle Nachbarn zusammenlaufen würden, eilte ich hinaus, um sie zu beruhigen. Sie beschimpfte mich wütend: „Sind Sie denn unfähig, den Beschluss endlich zu vollziehen? Ich werde mich bei Gericht über Sie beschweren!" Entnervt konterte ich: „Mir reicht es jetzt! Aufgrund der mir vorliegenden Informationen müssten eigentlich Sie die Wohnung verlassen!" Verärgert versuchte ich nach dieser unschönen Szene den zuständigen Familienrichter zu erreichen. Vergeblich! Der Richter war nicht anwesend, weil er auf einer Beerdigung war und nicht mehr an diesem Tag zurückerwartet wurde. Nun, dann soll doch sein Vertreter entscheiden, gab ich der Angestellten beim Familiengericht zu bedenken. Doch dieser ließ mich wissen, dass er diese Entscheidung nicht ändern könne. Wie bringe ich das nun Herrn Vogeltaler und den Kindern bei?, fragte ich mich besorgt.
Schließlich erhoffte ich mir Hilfe vom Rechtsanwalt des Ehemannes. Vielleicht konnte er als Vertrauensperson Herrn Vogeltaler dazu bewegen, die Wohnung zunächst ohne Widerstand zu verlassen. Doch auch diesen Anruf hätte ich mir sparen können. In der Kanzlei hieß es nur, dass außerhalb der Sprechzeit niemand mehr zu erreichen sei.

Ratlos, mit der wütenden Antragstellerin im Nacken, betrat ich erneut die Wohnung durch die angelehnte Tür. Herr Vogeltaler hatte alles bei geöffnetem Fenster angehört. Das war mein Glück, denn dadurch wusste er, dass ich auf seiner Seite stand. Resignierend saß er auf seinem Stuhl, links und recht jeweils ein Kind im Arm.
„Herr Vogeltaler, wir beide werden jetzt zusammen zum Amtsgericht fahren. Ich werde mich als Zeuge zur Verfügung stellen", bot ich ihm an. „Vorher bitte ich noch eine Justizangestellte, zum nahe gelegenen Gasthaus zu gehen, um den zuständigen Richter vom Leichenschmaus zu holen. Der Richter wird uns schon nicht gleich den Kopf abreißen! Ich kenne ihn als einen einfühlsamen Menschen. Ihre Frau kann ja inzwischen die Kinder beaufsichtigen. Dabei wird sie sicherlich ihre ‚Freude' haben! Sprechen Sie mit Ihren Kindern, ich warte draußen auf Sie." Herr Vogeltaler gab nun seinen Widerstand ganz auf. Nach ein paar Minuten verließ er gefasst das Haus, ohne seine Frau eines Blickes zu würdigen.
Im Amtsgericht angekommen, erschien kurze Zeit später der Familienrichter. Nachdem er mich angehört hatte, ordnete er gleich für den nächsten Tag einen Termin zur mündlichen Verhandlung an. Dabei wurde das persönliche Erscheinen der Parteien angeordnet und auch das Jugendamt angehört. Herr Vogeltaler verbrachte die Nacht in seinem Auto. Er hatte vor, seinen Job aufzugeben und sich um die Kinder zu kümmern.

Am Nachmittag des nächsten Tages erfuhr ich, dass die Antragstellerin ihre Sachen gepackt hatte und ausgezogen war. Bei der Verhandlung kam ans Licht, dass es vier Tage zuvor zu Handgreiflichkeiten bei den Eheleuten gekommen war, weil Frau Vogeltaler ihren Ehemann unerträglich provoziert hatte. Sie beschimpfte ihn als Versager im Bett und dass es ihr andere Männer tausendmal besser „besorgen" könnten als er. Wie sich herausstellte, ist bei dieser Äußerung dem Ehemann die Hand ausgerutscht und dadurch ist es zu den im ärztlichen Attest beschriebenen Verletzungen gekommen.

Die richterliche Anordnung wurde beim Termin aufgehoben. Der Familienrichter teilte mir noch mit, dass er sich grundsätzlich auf die eidesstattlichen Versicherungen der Antragsteller verlassen müsse. Bei einem früheren Fall in einem anderen Amtsgericht wurde nämlich den Angaben nicht geglaubt. Eine einstweilige Anordnung wurde nicht erlassen, und die Antragstellerin wurde von ihrem Ehemann getötet. Und so etwas kann man nicht riskieren.

Am nächsten Tag informierte ich den Kollegen, den ich vertreten hatte, von diesem sehr unangenehmen Auftrag.

16 Der Prüfungsbeamte als rabiater „Schein-Schuldner"

Vor sehr vielen Jahren musste bei der Abgabe des Offenbarungseides (eidesstattliche Versicherung - nunmehr Vermögensauskunft) der nicht erschienene Schuldner mit einem vom Vollstreckungsgericht ausgestellten Haftbefehl dem Rechtspfleger beim zuständigen Amtsgericht vorgeführt werden.
Eines Tages kam unangemeldet der Prüfungsbeamte zu mir, um eine Geschäftsprüfung vorzunehmen. Nach Feststellung des Kassenbestandes redeten wir über Personalveränderungen in meinem Amtsgericht. Hierbei habe ich verschiedene Namen von Beamten aufgezählt, die damals in meiner Dienststelle tätig waren. Unter ihnen erkannte er den Namen einer Rechtspflegerin, mit der er vor mehr als 30 Jahren die gleiche Laufbahn bei der Justiz eingeschlagen hatte. Und schon wurde die Idee geboren, ihn als aggressiven Schuldner vorzuführen! Schnell wurde eine fingierte Akte nebst Haftbefehl erstellt.
Wir machten uns also auf den Weg zur Rechtspflegerin. Im Gang vor den Sitzungssälen simulierte er einen renitenten Schuldner, der in keinem Zimmer zu überhören war. Lautstark rief er: „Lasst mich endlich los! Ich werde mich bei euren Vorgesetzten beschweren. Habt ihr denn nichts anderes zu tun, als einen unbescholtenen Bürger seiner Freiheit zu berauben?" Ich drohte hierauf nicht weniger laut: „Wenn Sie weiterhin Widerstand leisten, werden Sie in die Justizvollzugsanstalt eingeliefert. Bis zu einem halben Jahr können Sie in Beugehaft genommen werden. Meine Geduld ist jetzt bald zu Ende!"
Alle, außer der Rechtspflegerin, die nunmehr den Offenbarungseid abnehmen sollte, waren vorher eingeweiht worden. Zwei Wachtmeister packten den Prüfungsbeamten am Arm und brachten ihn, bei vorgetäuschter Gegenwehr, in das Vernehmungszimmer. Ich übergab die Akten und den Haftbefehl. Doch zunächst wurden wir keines Blickes gewürdigt. Vorschriftsmäßig wurde der vorgebliche „Schuldner" auf die Bedeutung eines falschen Offenbarungseides hingewiesen:

„Die Fragen, die ich Ihnen jetzt stellen werde, müssen Sie richtig und vollständig beantworten. Bei falschen Angaben können Sie mit einer Geldstrafe oder mit einer Freiheitsstrafe bis zu drei Jahren gemäß §159 StGB bestraft werden Über die Richtigkeit der Antworten müssen Sie bei mir einen Eid ablegen."

Hierauf der Prüfungsbeamte: „Was ist denn überhaupt ein Offenbarungseid?"
„Das Verzeichnis soll dem Gläubiger ganz genau Ihre Vermögensverhältnisse aufzeigen", erklärte die Rechtspflegerin.
Er schüttelte den Kopf. „Ich kann aber keinen Eid ablegen!"
„Warum nicht?"
„Das kann ich mit meinem Glauben nicht vereinbaren."
„Welcher Religionsgemeinschaft gehören Sie denn an?"
„Ich bin Mormone!"
„Das tut nichts zur Sache. Wir fangen jetzt endlich an. Wie heißen Sie?"
„Ich bin der Anton aus Tirol."
„Ich will Ihren Familiennamen wissen!"
„Warum?"
„Weil es so vorgeschrieben ist!"
„Ich glaube, ich heiße Maier."
Nun war die Rechtspflegerin allmählich ernsthaft genervt: „So kommen wir nicht weiter. Sie müssen schon richtige Angaben machen!"
Er daraufhin seufzend: „Das langweilt mich!"
„Wie ist Ihre Anschrift?", fragte die Beamtin mit ihrem letzten Rest Geduld.
„Ich wohne in den Stauden bei Augsburg!"
„Das ist doch keine Adresse!!!"

Daraufhin schrieb der Prüfungsbeamte auf das Vermögensverzeichnis ganz groß:
„Verstehen sie Spaß??
Ich bin doch der Anton Huber, wir waren vor etwa 30 Jahren zusammen auf der Rechtspflegerschule! Kennst du mich denn nicht mehr?"

Die Rechtspflegerin betrachtete ihn nun endlich etwas genauer. Im ersten Moment wusste sie wohl nicht, wie sie auf den Scherz reagieren sollte, aber dann brach sie in herzhaftes Gelächter aus.

17 Ein tragischer Fall

In dieser „Geschichte" geht es um eine alteingesessene Bauernfamilie in einer kleinen Ortschaft.

Als ich begann, diesen Bauernhof aufzusuchen, gab es nur noch den Sohn und seine ältere Schwester, welche den Hof bewirtschafteten. Das erste Mal ist mir noch gut in Erinnerung, weil ich mich im Anschluss an diesen Außendienst recht blamiert habe.

Ich fuhr an einem nasskalten, verregneten Freitagvormittag zu dem Anwesen, um einen nicht bezahlten Beitrag zugunsten der landwirtschaftlichen Berufsgenossenschaft einzutreiben. Als ich bei der angegebenen Adresse ankam, war ich zunächst ratlos.

Vor mir stand ein Haus, das mir unbewohnbar erschien. Um den Bauernhof herum war alles mögliche an Schrott wahllos aufgetürmt. Anscheinend wurden auf dem Grundstück seit vielen Jahren Alteisen, Holzbretter, Ziegel und anderer Müll gesammelt. Das verrostete Gatter am alten, schief hängenden Zaun war mit einer Kette versperrt. Durch den Morast führte ein Trampelpfad zu einem weiteren Gebäude, dem Stall und der Scheune. Eine Klingel war Fehlanzeige. Auf mein Rufen antwortete niemand. Ich entschloss mich daher, über das Eisentor zu steigen und machte mich auf den Weg zum Stall, weil ich von dort eine menschliche Stimme hörte, die vor sich hin fluchte.

Im verdreckten Stall, Tiere gab es dort keine mehr, stand mir ein Rübezahl von einem Mann gegenüber. Vor lauter Bart und Haaren, völlig verdreckt, sah man fast kein Gesicht mehr. Seine kräftigen Beine standen wie Säulen in den schmutzigen Gummistiefeln. Die in der Anzahl nicht mehr vollständigen Knöpfe des Hemdes ließen sich über dem gewaltigen Bauch nicht mehr schließen. In der einen Hand bzw. Pranke hielt er drohend eine Mistgabel.

Der Anblick alleine war schon furchteinflößend. Nichtsdestotrotz stellte ich mich als Gerichtsvollzieher vor und informierte ihn über die Forderung der Berufsgenossenschaft. Es war nur ein geringer Betrag zu bezahlen. Schweigend zückte er seinen Geldbeutel aus dem Hosensack und drückte mir den geforderten Betrag in die Hand. Danach nahm er seine Arbeit mit der Mistgabel wieder auf. Erleichtert stellte ich die Quittung aus und machte mich schnellstens vom Hof.
Anschließend führte mein Weg zur Bank im gleichen Ort. Diese hatte erst vor ein paar Tagen nach längeren Umbauarbeiten wieder geöffnet. Da ich eine Kontopfändung zustellen musste, ging ich vom Schalterraum im Erdgeschoss die Treppe hinauf in den 1. Stock. Dort angekommen, stellte ich der Sachbearbeiterin den Pfändungs- und Überweisungsbeschluss zu. Danach verabschiedete ich mich und ging wieder den Weg nach unten. Ich wunderte mich ein wenig, dass mich alle Bankmitarbeiter dabei beobachteten. Dann sah ich auf der Treppe Dreck-Fußspuren. Ich dachte mir noch, welch ein Saubär hat dies denn verursacht? Erst in meinem Auto stellte ich fest, dass der Übeltäter wohl ich gewesen war, da meine Schuhe von meinem Besuch auf dem Bauernhof völlig verdreckt waren. Mit Toilettenpapier reinigte ich notdürftig die Schuhe, kaufte dann eine Schachtel Pralinen für die Reinigungsfrau der Bank und entschuldigte mich sichtlich zerknirscht bei den Angestellten für die von mir angerichtete Sauerei.

Ein paar Wochen später musste ich wieder zu dem Hof. Vorausschauend war ich diesmal mit alten Schuhen angereist. Der Schuldner hatte einen größeren Betrag nicht bezahlt und war auch dem Termin zur Abgabe der Vermögensauskunft nicht nachgekommen. In Begleitung der Polizei forderte ich Herrn Lampert auf, mit mir das Vermögensverzeichnis in meinem Büro auszufüllen. Hierauf bedrohte er uns mit einer Eisenstange und rief:
„Die zwei Schnittlauchtypen - außen grün und innen hohl - sollen von meinem Hof, dann werde ich das Verzeichnis ausfüllen!" Erleichtert bedankte ich mich bei den Kollegen von der Polizei für die geleistete Unterstützung und sagte, dass ich mit Herrn Lampert schon klarkommen

werde. In sein Haus ließ er mich nicht, weshalb wir beide auf seinem uralten Traktor saßen. Nach seinen Angaben füllte ich das Vermögensverzeichnis aus. Das war ja gerade noch einmal gutgegangen.
„Jetzt haben Sie erst einmal zwei Jahre Ruhe vor mir, falls ein Gläubiger nicht glaubhaft macht, dass Sie zu neuem Vermögen gekommen sind", sagte ich abschließend zu ihm.

Es dauerte jedoch nicht lange und der Hof sollte versteigert werden, da die Darlehensraten schon viele Jahre nicht mehr bezahlt worden waren. Und jetzt musste wieder ich tätig werden. Mit dem gerichtlichen Zuschlagsbeschluss sollte ich das gesamte Anwesen räumen. Wohin nur mit dem ganzen Abfall?, war zunächst meine größte Befürchtung. Der Schuldner stand inzwischen unter Betreuung und hat einen Vorschlag seines gesetzlichen Vertreters kurz vor dem Notartermin abgelehnt.
In einem notariellen Vertrag hätten er und seine Schwester ein lebenslanges Wohnrecht in einer kleinen Wohnung in einem neu gebauten Haus auf dem Grundstück bekommen. Wie konnte er das nur ablehnen? Das wäre doch die beste Lösung für alle Beteiligten gewesen. Der Bauernhof, der unter Denkmalschutz stand, sollte renoviert werden. Aber wie die Dinge lagen, musste ich einen Termin zur Räumung des Anwesens bestimmen.
Eine Zwangsraumung ist immer eine unschöne Angelegenheit. Was würde mich wohl jetzt dort erwarten? Den „Rübezahl" hatte ich ja schon als unberechenbar kennengelernt. Vor Gewalttätigkeiten würde er vielleicht nicht zurückschrecken. Das könnte ein großes Drama werden, dachte ich beunruhigt. Erst kürzlich hatte ein Kollege eine schreckliche Erfahrung mit einer Zwangsräumung gemacht. Als er zum zu räumenden Haus kam, stand der Schuldner vor der Tür, hat sich mit Benzin übergossen und angezündet! Er rannte ihm als brennende Fackel entgegen. Mein Kollege war traumatisiert und konnte ein Jahr lang seinen Job nicht mehr ausüben.

Als ich nun am Haus ankam, um mir ein Bild davon zu machen, ob eventuell Räumungsgut bei der Spedition einzulagern sei, war Lam-

perts Schwester im Garten und rief nach ihren Katzen. Sie wirkte auf mich ganz zugänglich und ließ mich auch ins Haus. Ich unterhielt mich sehr lange mit ihr. Sie schilderte ihre Situation. Unter anderem erzählte sie, dass sie bis jetzt keinen Anschluss an die Kanalisation hätten, da ihr Bruder die durchzuführenden Maßnahmen der Gemeinde verweigert hatte. Ebenso fehlte ein Wasseranschluss auf dem Grundstück. Bei Bedarf wurde ein alter Brunnen im Hof aktiviert. Im Sommer, wenn es recht heiß und trocken war, mussten sie das Wasser mit dem Fahrrad in Eimern vom Friedhof holen.
Das ganze Haus war innen kohlrabenschwarz. Es roch in jedem Zimmer nach Ruß. Möglicherweise wurde überwiegend mit nassem Holz geheizt. Die Bodendielen waren angefault, man konnte dazwischen Lehm erkennen. Im Spülbecken lag das Geschirr der letzten Wochen. Essensreste standen überall herum. In den 1. Stock führte eine Notleiter, die Stufen waren nicht mehr vollständig. Selbst die Bettdecken im Schlafzimmer waren erheblich mit Ruß überzogen. Dort, wo sie mit dem Kopf gelegen hatten, war es geringfügig heller.
Eine Woche vor dem Räumungstermin hatte Herr Lampert gedroht, ein Gebäude in die Luft zu sprengen. Kurz darauf wurde er auf Betreiben seines Betreuers für die Dauer von sechs Wochen in einer psychiatrischen Klinik untergebracht. Damit war er wenigstens aus der Schusslinie. Am Tag der Zwangsräumung hatte ich es also nur noch mit seiner Schwester zu tun. Nach ihren Katzen jammernd, brachte ich sie mit einem gepackten Koffer in die Sozialstation. Dies hatte ich Tage zuvor telefonisch abgeklärt. Dort wurde sie verständnisvoll aufgenommen. Allerdings musste ihre gesamte Kleidung wegen des Rußgestankes vernichtet werden. Täglich bereitete man ihr ein Vollbad, da auch ihre Haut diesen penetranten Geruch verströmte.
Nach drei Monaten konnten die Geschwister Lampert in einem Altersheim untergebracht werden. Dort verbrachten sie noch viele Jahre und fühlten sich sehr wohl. Etwa zweimal im Jahr habe ich sie, zusammen mit meiner Ehefrau, dort besucht. Dies hatte ich vor dem Räumungstermin versprochen.

Frau Lampert legte im Altersheim gleich drei Konfektionsgrößen zu, und auch ihr Bruder machte stets einen zufriedenen Eindruck und war jedes Mal nach unserem Besuch sichtlich zu Tränen gerührt. Die beiden waren viele Jahre lang, wie ein altes Ehepaar, zusammen in einem Zimmer untergebracht. Sie waren einander sehr zugetan.

Inzwischen sind beide verstorben und in ihrem Heimatort beerdigt worden.

18 Die beantragte Taschenpfändung

Rechtsanwalt Miller ließ mir vor vielen Jahren durch einen Boten den eiligen Auftrag überbringen, an einem bestimmten Wochenende bei dem Schuldner Salvermoser Josef eine Taschenpfändung vorzunehmen. Dieser wolle am Samstag und Sonntag an einem hochdotierten Billardturnier teilnehmen.
Aus den Unterlagen war zu entnehmen, dass dieser Zahlungspflichtige in den letzten Jahren ständig seinen Wohnsitz gewechselt hatte. Beim Einwohnermeldeamt wurde er auch schon als „nach unbekannt verzogen" geführt. Viele Kollegen vor mir konnten deshalb erteilte Aufträge nicht vollziehen. Auch ein eventueller Arbeitgeber dieses Schuldner konnte bisher nicht ermittelt werden. Die Einholung von Drittauskünften, die in der heutigen Zeit über die Deutsche Rentenversicherung oder beim Bundeszentralamt für Steuern auf Antrag unter bestimmten Voraussetzungen möglich ist, war damals vom Gesetzgeber noch nicht vorgesehen. Auch eine Bankverbindung war dem Gläubigervertreter nicht bekannt. Daher konnte auch zu keiner Zeit eine Kontopfändung vorgenommen werden. Für Rechtsanwalt Miller gab es deshalb nur noch die Möglichkeit, an dem von ihm bezeichneten Wochenende Zugriff auf eventuelle Vermögenswerte des Schuldners zu nehmen. Aus einer Fachzeitschrift hatte er zufällig die Teilnahme von Salvermoser an diesem Turnier entnommen. Falls möglich, sollte ich auch das Fahrzeug des Schuldners pfänden.

Ausgerechnet an dem bestimmten Wochenende war ich zur Hochzeitsfeier meiner Schwägerin nach Österreich eingeladen. Wegen der weiten Anreise sollten wir auch über Nacht bleiben. Wir hatten schon lange vor Bekanntwerden des obigen Auftrages zugesagt, zu kommen. Daher habe ich meine Kollegin, die mich damals vertreten hat, gebeten, ob sie nicht die Taschenpfändung übernehmen könnte. Aber auch sie war wegen einer Familienfeier verhindert. Da blieb mir nichts anderes übrig, als nach einer geeigneten Lösung zu suchen. Ich überlegte und studierte den bisher erfolgten Schriftverkehr. Schließlich bin ich auf ein Protokoll gestoßen, laut dem ein Gerichtsvollzieher in Nürnberg die Vollstreckung gegen Salvermoser bei dessen Eltern versucht hatte. Diese versicherten damals jedoch, dass sie zu ihrem Sohn seit mehr als einem Jahr keinen Kontakt mehr hätten. Eine Telefonnummer hatten sie angeblich auch nicht. Josef habe zuletzt Arbeitslosengeld bezogen und lebe von seiner Freundin, gaben sie zu Protokoll. Auch deren Namen und die Adresse wussten sie angeblich nicht.

Da kam mir eine gute Idee: Ich beauftragte meine Ehefrau Uschi, bei den Eltern des Schuldners anzurufen. Sie war nicht gerade begeistert von meinem Einfall. Jemanden bewusst anzulügen, um sich bestimmte Auskünfte zu erschleichen, behagte ihr gar nicht. Doch es ging um die Hochzeit ihrer Schwester. Dort wollte sie keinesfalls auf meine Gesellschaft verzichten. Schließlich stimmte sie schweren Herzens zu, ein bisschen Detektivarbeit zu leisten, und ich instruierte sie, welche Fragen sie stellen sollte.

Sie gab sich als ehemalige Klassenkameradin von Josef Salvermoser aus und wollte nach langer Zeit erneut ein Klassentreffen organisieren. Sie gab an, sich immer gut mit Josef verstanden zu haben. Außerdem waren sie auch vorübergehend ein Liebespaar, ließ sie die Eltern wissen. Doch leider ging diese Beziehung nach ein paar Monaten auseinander. Die Telefonnummer habe sie nicht mehr, doch wolle sie gerne eine Einladung schriftlich übersenden. Meine Frau erkundigte sich dann noch nach der derzeitigen Arbeitsstelle, damit sie mit Josef einen passenden Termin absprechen könne, falls er zu Hause privat nicht erreichbar sei. Bestimmt würde er auch gerne bei der Organisation mithelfen, war er doch für solche Aufgaben talentiert, teilte meine Frau den Eltern des Schuldners mit. Ganz bereitwillig und in überaus freundlichem Ton bekam sie die gewünschten Auskünfte.

Meine Frau hat ja verborgene „Talente", dachte ich mit Respekt nach dieser Aktion. Hoffentlich setzt sie diese nicht eines Tages bei mir ein, war allerdings mein nächster Gedanke.

Wieder einmal hatte sich bestätigt, dass meine detektivischen Fähigkeiten, die ich schon öfter bei anderen Fällen eingesetzt hatte, von Erfolg gekrönt wurden. Rechtsanwalt Miller war ganz begeistert von meinen Ermittlungen. Er nahm seinen Vollstreckungsauftrag zurück. Durch die an ihn übermittelten Informationen konnte er nunmehr eine Lohnpfändung beim Arbeitgeber des Schuldners durchführen. Außerdem war jetzt eine Zwangsvollstreckung unter der tatsächlichen Adresse von Salvermoser möglich.

Die Teilnahme an der Hochzeit war gesichert!

19 Zwangsräumungen

Der totale Absturz

In der Regel suche ich die zu räumende(n) Person(en) zeitnah nach Eingang des Zwangsräumungsauftrages in ihrer Wohnung auf. Hier kann ich in der Regel gleich abschätzen, ob am Räumungstag Widerstand zu erwarten und deshalb die Hinzuziehung der Polizei erforderlich ist. Außerdem ist es möglich festzustellen, wie umfangreich der „Umzug" sein wird. Der Gläubiger ist schließlich verpflichtet, die Speditionskosten zu übernehmen. Ein entsprechender Vorschuss wird vor Bestimmung eines Termins angefordert. Zur Vermeidung der Obdachlosigkeit wird auch regelmäßig die zuständige Stadt oder Gemeinde vom bevorstehenden Räumungstermin verständigt. Es erfolgt auch eine Benachrichtigung an das zuständige Jugendamt, falls minderjährige Kinder aus der Wohnung gesetzt werden.

Bei dem vorliegenden Auftrag sollte ich eine Hartz-IV-Empfängerin räumen, hatte sie doch die vom Amt an sie gezahlte anteilige Unterstützung für Wohnung und Nebenkosten veruntreut und nicht an den Vermieter weitergeleitet. Schon öfter hatte ich vergeblich versucht, Frau Klosterhuber in ihrer Wohnung anzutreffen. Auch hatte sie sich trotz mehrfacher schriftlicher Aufforderung bei mir nicht gemeldet. Daher bestimmte ich, nach Eingang des Kostenvorschusses, der für die Räumungskosten vorgesehen war, einen Räumungstermin in drei Wochen. Einen Schlosser hatte ich zur Vermeidung unnötiger Kosten auf Abruf bestellt.
So fuhr ich am Termintag zur Wohnung der Schuldnerin. Das Mietshaus machte von außen einen neuwertigen Eindruck. Zunächst öffnete Frau Klosterhuber nicht, als ich jedoch, unter Faustschlägen an der Wohnungstür, mit einem Schlosser drohte, machte sie schließlich auf. Der Gestank, der mir nun entgegenschlug, war derart unerträglich, dass ich zunächst auf den Balkon flüchten musste. Ich hatte zuvor gefrühstückt

und war kurz davor, mich unfreiwillig von diesem wieder zu trennen. Erst nach längerem Zwangslüften war es mir und den Mitarbeitern der Spedition möglich, ohne Würgereiz die Wohnung zu betreten. Es herrschte ein unvorstellbares Chaos:
Zigarettenkippen waren auf dem Boden ausgetreten worden, die Heizkörper hingen alle schief, eine Fensterscheibe war eingeschlagen, aus dem Kühlschrank krochen Maden, in der Badewanne befanden sich Binden und Tampons der letzten Monate. Die Toilette war mit Fäkalien und Toilettenpapier verstopft. Essensreste, Schnaps- und Bierflaschen lagen kreuz und quer in der ganzen Wohnung herum. Mitten im Raum befand sich eine große Bauwanne. Dort hatte Frau Klosterhuber in den letzten Monaten ihre Notdurft verrichtet.
Während ich mich vor dem Haus mit dem Fahrer des Speditionsunternehmens unterhielt, kam eine sehr gut gekleidete Dame auf mich zu. Sie stellte sich als Frau Dr. Brinkmann vor. Nach ihren Angaben hatte vor ein paar Jahren die Schuldnerin als Reinigungskraft in ihrer Wohnung und Praxis gearbeitet. Sie beschrieb Frau Klosterhuber als immer korrekt und sehr zuverlässig. Daher verstehe sie es nicht, wie man diese Person „einfach so" vor die Tür setzen könne. Ohne große Erklärungen lud ich Frau Dr. Brinkmann ein, sich doch ein Bild von der zu räumenden Wohnung zu machen. Insbesondere wollte ich von ihr wissen, wie sie sich in dieser Sache als Eigentümerin verhalten hätte, wo doch nunmehr, außer sehr hohen Mietrückständen, noch erhebliche Renovierungskosten anfallen würden.

Völlig sprach- und fassungslos vom „Absturz" ihrer früheren Angestellten ist Frau Dr. Brinkmann wieder gegangen. Die Schuldnerin wurde sodann in einer Obdachlosenunterkunft untergebracht. Nahezu das gesamte Mobiliar musste entsorgt werden.

Der „Räumungsprofi"

An einem Räumungstag fuhr ich mit der Spedition zum Schuldner Kracher, der auch meinen Kollegen nicht ganz unbekannt war. Immerhin wurde er in den letzten fünf Jahren unter verschiedenen Adressen, jedoch im gleichen Amtsgerichtsbezirk, dreimal zwangsgeräumt. Kracher lebte schon immer sehr anspruchsvoll, war stets bestens gekleidet und fuhr teure Leasing-Fahrzeuge. Noch heute ist mir unverständlich, wie das so lange gutgehen konnte. In der Zivilprozessordnung kannte er sich gut aus, vielleicht hatte er auch, zumindest ein paar Semester, Jura studiert. Sämtliche ihm möglichen Rechtsmittel wurden in allen Verfahren ausgeschöpft.

Schon bei der Auftragserteilung war mir bewusst, die Räumung würde nicht problemlos ablaufen. Seine Frau hatte sich schon vor Jahren von ihm abgewendet. Seine zwei minderjährigen Kinder wurden von einem Kindermädchen betreut. Nur eine einzige Mietzahlung hatte er bisher für das zu räumende Objekt entrichtet und auch die Kaution war er noch schuldig.

Schon vor seinem Hauseingang empfing mich Kracher. Er überreichte mir sehr entspannt und leicht grinsend ein Attest seines Hausarztes, das sinngemäß wie folgt lautete:

Meinem Patienten droht am .... die Zwangsräumung. Als behandelnder Arzt teile ich Ihnen mit, dass er im Zusammenhang mit dieser Aktion suizidgefährdet ist. Die Gefährdung rührt aus der Verantwortung für seine Kinder, die mit ihm in der Wohnung leben. Eine sofortige Unterbringung der Familie ist derzeit nicht sichergestellt. Der Patient gibt an, in drei Monaten eine andere Wohnung beziehen zu können. Damit wäre die Problematik für ihn gelöst. Andernfalls wäre nicht abzusehen, wie er reagieren könnte, so dass ich als behandelnder Arzt eine Kurzschlusshandlung nicht ausschließen kann. Die Verantwortung hierfür kann ich nicht übernehmen, da ich diesbezüglich keine Entscheidungsbefugnis habe. Gegebenenfalls könnten Sie aber für eventuelle Folgen haftbar gemacht werden. Gezeichnet Dr. med. ....

Ich las die mir übergebene ärztliche Bescheinigung aufmerksam durch. Nun, dem Arzt gegenüber scheint er seine Rolle als verzweifelter Familienvater überzeugend gespielt zu haben, dachte ich genervt. Ein Blick in seine siegesgewisse Miene genügte mir und ich wusste, wie ich darauf reagieren würde - jedenfalls anders, als er es erwartet hatte: Er solle doch jetzt gleich seine persönlichen Sachen und die seiner Kinder packen und freiwillig räumen. Er hätte zehn Minuten Bedenkzeit, danach würde ich zwei Telefongespräche führen, sagte ich ihm.
„Zuerst rufe ich die Polizei an, die Sie dann möglicherweise in die psychiatrische Abteilung eines Krankenhauses bringt. Meine nächste Anlaufstelle wird das Jugendamt sein, das Ihre Kinder in Obhut nehmen wird. Dabei kann eine vorübergehende Heimunterbringung nicht ausgeschlossen werden."
Mit so einer Reaktion meinerseits hatte er wohl nicht gerechnet. Ich wollte dann von ihm wissen, ob das wirklich in seinem Interesse sein könne. Hierauf zerriss er sichtlich fassungslos und wütend das ärztliche Attest. Danach packte er seine notwendigsten Sachen und verließ freiwillig das Haus. Sein gesamtes Mobiliar wurde hierauf bei der Spedition eingelagert. Vier Wochen später bekam er nach Zahlung der gesamten Räumungskosten sein eingelagertes Inventar zurück.
Nach der erfolgten Räumung ist er aus dem Landkreis weggezogen.

Selbstjustiz

In einer anderen Sache hatte ich zwei Doppelhaushälften zu räumen, in denen insgesamt zehn Personen untergebracht waren. Sie waren als Zeitungswerber tätig und wechselten ständig ihren Wohnsitz. Vor Anberaumung eines Termins stellte ich an Ort und Stelle fest, dass einige von ihnen bereits ausgezogen waren. Dagegen wohnten sechs Personen, die nicht im Urteil standen, inzwischen als neue Untermieter in den Häusern. Wegen einer BGH-Entscheidung, in der die zu räumenden Personen namentlich genau zu bezeichnen sind, habe ich diesbezüglich eine Durchführung des Auftrages abgelehnt.

Zwei Wochen später erfuhr ich von Nachbarn, dass ein VW-Bus mit Bodyguards von Hamburg angereist sei. Angeblich haben sie in Selbstjustiz die Leute frühmorgens aus den Häusern geworfen. Das gesamte Inventar wurde vor die Gebäude gestellt. Eine Woche später waren die Sachen weg. Ob diese auf dem Sperrmüll gelandet sind, wusste niemand. Die Schlösser der Häuser wurden auch gewechselt.
In dieser Sache habe ich nie mehr etwas gehört.

Die Gasexplosion

In der Regel wurden zu räumende Objekte vor einer Terminbestimmung immer von mir besichtigt. Dabei hatte ich die Gelegenheit, die betroffenen Personen zu befragen, inwieweit die Möglichkeit bestehe, ihr Mobiliar anderweitig einzustellen. Bei diesen Besuchen konnte ich auch beurteilen, ob bei der Durchführung des Auftrages Widerstand zu erwarten wäre.
Und so habe ich mich auf den Weg gemacht, einen mir unbekannten Schuldner namens Plinganser in seiner Wohnung aufzusuchen. Er öffnete zwar bereitwillig die Tür, beharrte im Gespräch aber darauf, dass für ihn keinesfalls in Betracht komme, seine Habe anderswo unterzubringen. Er sei gesundheitlich sehr angeschlagen und seine familiäre Situation ein einziges Chaos. Auch eine Kontaktaufnahme mit der Stadt, zur Vermeidung der Obdachlosigkeit, lehnte er entschieden ab. Immer wieder gab er zu erkennen, diese Wohnung niemals verlassen zu wollen. Im Laufe dieses Gesprachs wurde mir bewusst, dass ich den Räumungstermin nur mit polizeilicher Unterstützung würde durchführen können.

Etwa eine Woche später hat Plinganser in seiner Wohnung zwei große Gasflaschen zur Explosion gebracht. Durch die Wucht der Detonation wurden Türen und Fenster sowie Teile des Mauerwerks und der Treppe erheblich beschädigt. Die Trümmer verteilten sich im Umkreis von 30 Metern um die Unglücksstelle.

Die Druckwelle der Explosion schleuderte den 15-jährigen Sohn des Verursachers durch ein Fenster in den Garten hinter dem Mehrfamilienhaus. Der Jugendliche wurde mit schweren Verletzungen und Verbrennungen in eine Münchner Spezialklinik geflogen. Eine Frau verletzte sich beim Sprung aus dem Fenster ihrer Wohnung im ersten Obergeschoss. Mehrere Bewohner, die sich nicht mehr selbst vor dem Feuer in Sicherheit bringen konnten, wurden durch die Feuerwehr unter Atemschutz aus ihren Wohnungen gerettet. Zum Zeitpunkt der Explosion waren glücklicherweise nur drei der sechs Parteien zuhause. Die Anwesenden erlitten Brand- und Schnittverletzungen, einige von ihnen auch eine Rauchvergiftung. Das Gebäude wurde bei der Explosion so schwer beschädigt, dass es laut Polizei vom Einsturz gefährdet war. Im Anschluss an die Löscharbeiten wurden die Fenster und Türen durch die Feuerwehr verschlossen und von der Polizei versiegelt.
Viele Wochen später wurde Plingansers Wohnung wieder freigegeben. Im seinem Keller fand ich dann noch verschiedene Lang- und Kurzwaffen nebst Munition. Der Schuldner wurde gleich in Untersuchungshaft genommen und hat noch in der Justizvollzugsanstalt, kurze Zeit später, bei mir die Vermögensauskunft abgegeben.

Der „Oberganove"

Wie bei jedem Räumungsauftrag habe ich mich auch diesmal zuvor an Ort und Stelle begeben, um unter anderem festzustellen, ob der Schuldner noch dort wohnte. Gerade bei größeren Wohnungsbaugesellschaften ist es schon vorgekommen, dass der Hausmeister, der Verwalter oder sonstige Bevollmächtigte den Wegzug des säumigen Mieters nicht bemerkt haben. Manchmal werden auch nur die notwendigsten Dinge mitgenommen. In der Wohnung bleiben dann nur noch Müll und unbrauchbares Inventar zurück. Meistens wird von

den Mietern auch das Namensschild an der Haustür oder am Briefkasten nicht entfernt. Schon deshalb macht es aus Kostenersparnisgründen Sinn, die zu Räumenden vor Bestimmung eines Termins aufzusuchen.
Unter der im Urteil angegebenen Anschrift traf ich Herrn Landgreve an. Angeblich sei er mit seiner Lebensgefährtin bereits seit ein paar Monaten auf Wohnungssuche, ließ er mich wissen. Etwas Passendes habe er bisher aber noch nicht gefunden. Er könne nicht abschätzen, bis wann er ausziehen werde. In der nächsten Woche wolle er sich ein neues Objekt ansehen.
Ich sagte ihm gleich, dass ich innerhalb von drei Tagen einen Räumungstermin bestimmen würde. Der Gläubiger könne nicht mehr länger warten, er habe sich diese Wohnung für das Alter gekauft und musste nahezu den gesamten Kaufpreis finanzieren. Er sei inzwischen selbst in finanzieller Not, seine Bank habe ihm bereits eine Lohnpfändung angedroht. Der Räumungstermin wurde dem Schuldner fristgerecht, d.h. mindestens drei Wochen vorher, mitgeteilt. Dies ist gesetzlich so vorgeschrieben.
Am Termintag traute ich meinen Augen nicht: In der Wohnung, die ich räumen sollte, war zwischenzeitlich eine andere Familie eingezogen. Der Räumungsschuldner hatte die Wohnung zur Vermietung inseriert. Er hatte sich als Eigentümer ausgegeben, Kaution und Miete kassiert und ist dann spurlos verschwunden.
Ob die Familie, die erst zwei Wochen zuvor eingezogen war, weiter bleiben konnte, ist mir nicht bekannt.

20 Kaufzwang

Nach einer schriftlichen Aufforderung, sich bei mir zu melden, kommt an einem späten Nachmittag Frau Rosenkraut zu mir ins Büro. Ich hatte drei Vollstreckungsaufträge gegen sie erhalten, über insgesamt 2450 Euro. Die Schuldnerin kannte ich bereits aus anderen Verfahren. Damals wurden immer Ratenzahlungen mit ihr vereinbart, aber nur sehr schleppend eingehalten. Immer wieder hatte sie in Boutiquen Kleider gekauft, aber nicht bezahlt. In einer anderen Sache wurden mit einem ungedeckten Scheck Lebensmittel gekauft. Die Rundfunkgebühren war sie auch immer wieder schuldig geblieben.

In meinem Büro jammerte sie nur, dass alles so teuer geworden sei. Früher sei sie dreimal im Jahr in Urlaub gefahren, jetzt schaffe sie es aus finanziellen Gründen nur noch zweimal. Den letzten Karibikurlaub habe sie sich sogar finanzieren lassen, ließ sie mich wissen.

„Ihr Einkaufsverhalten kann ich absolut nicht verstehen", sagte ich zu ihr. „Sie müssen doch schon wegen Ihrer Kinder mit gutem Beispiel vorangehen. Ich habe inzwischen nach meiner langjährigen Dienstzeit drei Familien, bei denen ich die Eltern schon lange und nunmehr auch deren Kinder ‚betreue'. Wenn Ihre Sprösslinge nichts anderes sehen, werden sie in ein paar Jahren auch zu meinem Kundenkreis gehören. Durch eine schlechte Schufa-Auskunft wird es dann für sie auch sehr schwierig werden, selbst eine Wohnung anzumieten. Wollen Sie das wirklich?"

Frau Rosenkraut hierauf: „Ich kann halt einfach in den Boutiquen nicht widerstehen, mir etwas Schönes zu kaufen. Die Aufträge, die Sie haben, kann ich höchstens mit 100 Euro monatlich abbezahlen."

Mit diesem Vorschlag war ich allerdings nicht einverstanden. Also fragte ich die Schuldnerin, wie sie denn in mein Büro gekommen sei.

„Natürlich mit meinem Auto", bekam ich zur Antwort.

„Dann möchte ich Ihr Fahrzeug jetzt sehen."

Wir gingen zu ihrem Pkw und ich klebte ein Pfandsiegel in das Hand-

schuhfach. Anschließend ließ ich mir die Autoschlüssel aushändigen, worauf sie zu schluchzen begann: „Jetzt weiß ich gar nicht, wie ich nach Hause kommen soll. Meinen Geldbeutel habe ich daheim vergessen."
„Das ist mir egal, dann gehen Sie halt zu Fuß, zehn Kilometer kann man schon in zwei bis drei Stunden schaffen. Ich würde den Radweg nehmen, es ist ja noch lange hell und auch ungefährlich. Sie können sich auch von einem Nachbarn holen lassen oder mit dem Taxi fahren."

Einige Tage später erfuhr ich von einer Hausmitbewohnerin, dass die Schuldnerin manisch depressiv sei und sich regelmäßig in ärztlicher Behandlung befinde. Von der 15-jährigen Tochter wisse sie, dass Frau Rosenkraut seit mehreren Wochen keine Medikamente mehr nehme. Außerdem erfuhr ich von ihr die Arbeitsstelle der Schuldnerin.
Noch vor der Versteigerung des Fahrzeuges fand, auf meine Anregung hin, in meinem Büro ein Gespräch mit Frau Rosenkraut und ihrem Chef statt. Der Arbeitgeber erklärte sich bereit, sämtliche Schulden bei mir zu begleichen. Im Gegenzug wurde nach Eingang der Zahlung die Pfändung aufgehoben. Frau Rosenkraut versprach, wieder regelmäßig ihr verordnetes Lithium einzunehmen und eine Therapie anzufangen.
Seitdem hatte ich dienstlich mit ihr nichts mehr zu tun.

21 Der Boxer

Mit einem Haftbefehl suchte ich einen mir bereits bekannten Schuldner namens Kronawinkler auf. Zum vorher bestimmten Termin im Amtsgericht war er nicht erschienen. Damals war noch das Verfahren zur Abgabe des Offenbarungseides dem Rechtspfleger übertragen.
Schon in seiner Wohnung erklärte mir Kronawinkler, nicht mitkommen zu wollen. Er habe jetzt Besseres zu tun, als seine Zeit im Amtsgericht zu verplempern. Ich solle doch in ein paar Wochen wiederkommen, ließ er mich wissen. Ob er aber dann Zeit für mich finde, könne er heute noch nicht sagen. Dann meinte er noch, ich solle jetzt „Land gewinnen", sonst würde ich erheblichen Ärger mit ihm bekommen.
Auf Diskussionen bei so einer Ansage ließ ich mich nicht ein. Ich bat bei der örtlichen Polizei um sofortige Unterstützung. Zwei Beamte trafen wenige Minuten später ein, während ich vor dem Haus auf sie wartete. Der Schuldner weigerte sich zunächst, in das Polizeifahrzeug zu steigen, schließlich sei er kein Schwerverbrecher. Wenn schon, dann wolle er bei mir mitfahren, gab er zu erkennen. Hierzu war ich jedoch nicht bereit. Mit der Drohung, das würde ich noch büßen, fuhr er schließlich mit den Polizeibeamten zum Amtsgericht. Mürrisch füllte er, wie schon Jahre zuvor des Öfteren, das Vermögensverzeichnis aus und versicherte die Richtigkeit seiner Angaben an Eides statt. Mit den Worten „Er wird mir schon eines Nachts in der Stadt begegnen" verließ er meine Dienststelle.

Viele Monate später erhielt ich einen Auftrag gegen den Sohn seiner Lebensgefährtin. Ich hatte damals Kronawinklers Drohung gar nicht richtig ernst genommen. Es ist schon öfter vorgekommen, dass Zahlungspflichtige bei mir ihren Frust abgeladen haben. Und so machte ich mich ohne polizeiliche Unterstützung auf dem Weg zu ihm.
Als ich an der Wohnungstür von Kronawinkler klingelte, machte mir seine Lebensgefährtin auf. Sie sagte sehr laut meinen Namen. In die-

sem Moment sprang Kronawinkler, den ich im Wohnzimmer sitzen sah, auf und schrie lautstark: „Jetzt ist diese Drecksau da, jetzt schlag ich ihn die Treppe runter!"

Das war für mich das Signal, fluchtartig das Gebäude zu verlassen. Hinter mir sah ich noch den Schuldner, wie er mit wüsten Beschimpfungen, die Treppe hinunterpolternd, die Verfolgung aufnahm. Dabei verteilte er mit geballten Fäusten Luftschläge und beschimpfte mich auf übelste Weise. Zum Glück holte er mich nicht mehr ein. Gleich im Anschluss daran habe ich meinem Vorgesetzten von diesem Vorfall berichtet. Er erstattete Strafanzeige gegen den Schuldner.

Ein halbes Jahr später wurde ich dann als Zeuge im Strafverfahren gegen Kronawinkler vernommen. Während meiner Vernehmung erschienen zwei Kripobeamte und baten um kurze Unterbrechung der

Verhandlung. Offensichtlich hatte der Schuldner auf dem Weg zum Amtsgericht einer alten Dame die Halskette geraubt, die gleich sichergestellt werden konnte. Nach meiner Befragung wurde auch der Polizeibeamte als Zeuge vernommen, der die Vernehmung des Schuldners in seiner Dienststelle aufgrund meiner Anzeige durchgeführt hatte. Auch er wurde von Kronawinkler massiv beleidigt. Eine Strafanzeige war auch hier die Folge. Dieses Verfahren wurde mit einer weiteren Sache verbunden. Hier hatte der Schuldner, der früher Boxer war, drei Jugendliche krankenhausreif geschlagen.

Im Termin zur Hauptverhandlung wurde noch das Vorstrafenregister verlesen, das sehr lang war. Außer Körperverletzung, Beleidigungen, Widerstand gegen Vollstreckungsbeamte, war hier auch der Tatbestand des Betrugs aufgeführt.

Den Ausgang des Verfahrens konnte ich wegen eines anderen Termins nicht mehr abwarten. Bei späteren Anlässen habe ich den Schuldner nur noch mit polizeilicher Unterstützung aufgesucht. Zu einer Haftstrafe ohne Bewährung wurde er offensichtlich nicht verurteilt.

22 Der Terminator

Gerichtsvollzieher sind verpflichtet, mindestens zweimal in der Woche im Büro ihre Sprechzeit abzuhalten. In dieser Zeit erfolgen entweder Anrufe von Zahlungspflichtigen oder von Gläubigern bzw. Gläubiger-Vertretern, die sich nach dem Stand ihres Auftrages erkundigen. Häufig kommen auch Schuldner, um einen Antrag auf Ratenzahlung zu stellen oder die Forderung gleich ganz zu bezahlen.
Eines Tages erschien Frau Benkert in meinem Büro und überreichte mir eine Vollmacht ihres Stiefsohnes. Sie war ziemlich aufgeregt, ihr Ton war sehr unfreundlich. Ich fragte dennoch mit ruhiger Stimme nach ihrem Anliegen und was ich für sie tun könne. Hierauf fing sie an, mich zu beschimpfen:
„Herr Kraglbinder, eigentlich darf man von einem Beamten ein einwandfreies Verhalten und Arbeiten verlangen. Aber offensichtlich sind Sie unfähig, Ihren Dienst auszuüben! Vor zwei Jahren haben Sie fälschlicherweise behauptet, mein Stiefsohn Gerhard Neumann hätte unter seiner gemeldeten Adresse noch nie gewohnt!"
Ich bat um Geduld und forderte sie auf, ihren aggressiven Tonfall zu mäßigen. Danach suchte ich im Namensverzeichnis meines PC's nach dem Schuldner. Ich fand ihn auch bald und habe nach Durchlesen meines damaligen Protokolls Folgendes erklärt: „Ich hatte damals, vor ziemlich genau zwei Jahren, im Auftrag der Stadtkasse, eine Forderung in Höhe von 50 Euro beizutreiben. Weder am Briefkasten noch an den Glockenschildern konnte ich einen Hinweis auf Ihren Stiefsohn finden. Auch den zwei Hausmitbewohnern war der Name Gerhard Neumann unbekannt. Diese Feststellung habe ich dann der Stadtkasse unter Rücksendung der Unterlagen mitgeteilt."
Dieses Vorgehen verstand Frau Benkert in keinster Weise. Sie schimpfte weiter: „Aufgrund Ihrer falschen Ermittlungen wurde der Name meines Stiefsohnes beim Einwohnermeldeamt gelöscht. In der Folgezeit war er als wohnsitzlos gemeldet. Gerhard studiert seit vielen Jahren in Ame-

rika und hält sich immer wieder gelegentlich bei mir auf. Wegen Ihrer Schlamperei wird mein Stiefsohn möglicherweise sein Stipendium verlieren, da er nicht ohne Unterbrechung einen Wohnsitz nachweisen kann."

Hierauf versuchte ich Frau Benkert zu erklären, dass ich keine Veranlassung sehe, mein damaliges Protokoll zu berichtigen. Schließlich habe sie versäumt, auf dem Briefkasten und der Glocke jeweils ein Namensschild von Herrn Neumann anzubringen. Hierauf drohte sie mir, diesen Vorfall „ihrem Arnold" zu erzählen. Wie sie erklärte, sei sie mit Schwarzenegger Arni sehr gut befreundet. Er werde eines Tages vor mir stehen und dann könnte ich was erleben, meinte sie. Ich würde dann mein „Scheiß-Protokoll" berichtigen und nur noch um Gnade winseln, waren ihre Abschiedsworte. Danach knallte sie lautstark meine Bürotür zu und verließ das Haus. Dabei empörte sie sich weiterhin lautstark über mich.

Von Arnold, dem „Terminator", habe ich bis heute nichts gehört.

23 Der Heiratsschwindler

Ein Herr Moser bestellte absichtlich auf den Namen des Sohnes seiner Lebensgefährtin (Manuel Ringeisen) mehrere tausend Liter Öl und bezahlte diese Rechnung nicht.
Ringeisen selbst wohnte schon lange nicht mehr unter der angegebenen Adresse und hielt sich hier nur gelegentlich besuchsweise bei seiner Mutter auf. Daher hatte er auch keine Kenntnis von der Rechnung in Höhe von 2600 Euro sowie den gerichtlichen und außergerichtlichen Mahnungen. Die eingegangene Post hat Herr Moser regelmäßig verschwinden lassen. Den unwissenden Sohn habe ich wiederholt unter der Anschrift nicht angetroffen. Schließlich wurde er von mir zur Abnahme der Vermögensauskunft in mein Büro vorgeladen. Auch diese Terminmitteilung wurde von Herrn Moser unterschlagen.
Nunmehr erging ein Haftbefehl. Da auf die von mir hinterlassenen Nachrichten keine Reaktion erfolgte, erkundigte ich mich beim Einwohnermeldeamt nach dem Geburtstag seiner Mutter. Ich ging von einer entsprechenden Feier aus und rechnete fest damit, dass auch Manuel Ringeisen anwesend sein würde.
Ich hatte Glück! Zwei Wochen später war tatsächlich ein runder Geburtstag. Inzwischen war ich ziemlich sauer, hatte ich doch wiederholt vergeblich Vollstreckungsversuche zu verschiedenen Tageszeiten unternommen. Mit dem vom Amtsgericht inzwischen ausgestellten Haftbefehl und zwei Polizeibeamten fuhr ich am Freudentag der Mutter, an einem Samstag, beim Anwesen vor. Noch während des Geburtstagsliedes erklärte ich gegenüber Ringeisen dessen Verhaftung. Dieser versicherte mir hierauf aber glaubhaft, er höre heute erstmals von dieser Sache. Seit zwei Jahren arbeite er auf einer Bohrinsel. Noch nie habe er bei der Gläubigerin etwas bestellt, beteuerte er. Auch seine Mutter versicherte mir dies glaubhaft.
Herr Moser, der auch anwesend war, erklärte nunmehr kleinlaut, die Bestellung auf den Namen Ringeisen aufgegeben zu haben. Nunmehr

musste er auch zugeben, sich viel Geld von seiner Lebensgefährtin und deren Mutter geliehen zu haben. Wie sich weiter herausstellte, war Moser seit mehr als fünf Jahren arbeitslos. Täglich hatte er das gemeinsame Haus zur gleichen Uhrzeit mit seiner Lebensgefährtin verlassen. Er täuschte dadurch vor, in einem festen Arbeitsverhältnis zu stehen. Außerdem hatte er behauptet, eine sehr hohe Forderung gegenüber einer Versicherung zu haben. Ein Angestellter habe jedoch seine zur Auszahlung fällige Lebensversicherungssumme veruntreut. Jetzt würde deswegen ein Prozess angestrebt.

Das war alles Schwindel. Für Frau Ringeisen brach eine Welt zusammen. Unter Tränen holte sie die anscheinend gefälschten polizeilichen Vernehmungsprotokolle und verschiedene Schreiben der Staatsanwaltschaft aus ihrem Büro. Diese Schreiben, die mir zur Einsicht vorgelegt wurden, sahen aus wie Originale. Ich konnte noch zwei Kontoauszüge von Moser mit Bankverbindungen ins Ausland abfotografieren.

Die Lebensgefährtin berichtete mir außerdem, dass Moser wiederholt Telefongespräche mit der Polizei und der Staatsanwaltschaft geführt habe. Doch offensichtlich waren am anderen Ende der Leitung gar keine Teilnehmer.

Durch die Vorlage von täuschend echt aussehenden amtlichen Schreiben hat er sich immer wieder Geld ausgeliehen. Da die Frau glaubte, alles entspräche der Wahrheit, ist er so zu sehr hohen Geldbeträgen gekommen. Auch Briefe seines angeblichen Rechtsanwalts, dass Vorschusszahlungen für den angestrebten Prozess gegen die Versicherung erfolgen sollten, waren nicht echt. Mir tat die geprellte Frau richtig leid. Das war sicherlich der schlimmste Geburtstag ihres Lebens.

Dem unschuldigen jungen Mann blieb leider nichts anderes übrig, als die gesamte Forderung, einschließlich sämtlicher Kosten, zu bezahlen. Er war insbesondere auch daran interessiert, seinen nunmehr vorhandenen Eintrag in der Schuldnerkartei und der Schufa löschen zu lassen. Gegen den „Heiratsschwindler", der kurze Zeit später aus dem Haus geworfen wurde, erfolgten verschiedene Strafanzeigen. Er wurde zu einer Bewährungsstrafe verurteilt. Ob er zumindest einen Teil des verursachten Schadens reguliert hat, ist mir nicht bekannt.

24 Die willkommene Wohnungsöffnung

Immer wieder kommt es vor, dass sich Schuldner nicht beim Gerichtsvollzieher melden.

Vielleicht ist es Gleichgültigkeit gegenüber den Folgen, oder sie nehmen eine zwangsweise Öffnung der Wohnung durch den Gerichtsvollzieher, der dann einen Schlosser beauftragt, einfach in Kauf.

Viele Gläubiger sehen jedoch von einer Wohnungsöffnung ab, da sie die hohen Kosten scheuen. Sie haben ja ohnehin schon Geld vom Schuldner zu bekommen und sollen dann auch noch die Kosten für den Schlosser bezahlen. Denn die Wahrscheinlichkeit, pfändbare Habe in der Wohnung zu finden, ist inzwischen sehr gering. Nur hochwertige Fernseher, Laptops, Smartphones, ein Thermomix, Antiquitäten, Schmuck, wertvolle Uhren und andere Wertsachen sowie Kraftfahrzeuge sind für eine Versteigerung noch interessant. Hier gilt es jedoch zu beachten, dass auch für den Abtransport Kosten entstehen können.

Auch sind aus datenschutzrechtlichen Gründen gespeicherte persönliche Daten auf Geräten professionell zu löschen. Dabei können auch noch hohe Kosten entstehen. Es muss auf alle Fälle ein Überschuss über die Kosten der Zwangsvollstreckung zu erwarten sein.

Bei dem hier vorliegenden Auftrag wollte ein Gläubiger jedoch unbedingt die Vollstreckung in der Wohnung zumindest versuchen. Offensichtlich war dem Schuldner Müller egal, was passieren würde. So hat er auf „Drohungen" von mir in keinster Weise reagiert. Nach einem entsprechenden Vermerk in meinem Protokoll wurde im Anschluss daran von Rechtsanwalt Hinterstrasser, der den Gläubiger vertrat, ein richterlicher Durchsuchungsbeschluss beim Vollstreckungsgericht erwirkt. Nachdem dann kurze Zeit später auch der von mir beantragte Kostenvorschuss zur Deckung der Schlosserkosten eingegangen war, setzte ich Herrn Müller einen Termin, an dem ich ihn mit dem Schlosser aufsuchen würde. Kurz vorher sah ich den Schuldner an der Bushaltestelle in der Nähe seines Hauses stehen, eine Zigarette rauchend. Ich sprach ihn an, ob er denn meinen Termin vergessen hätte und erinnerte ihn daran, was jetzt auf ihn zukommen würde.
Hierauf bekam ich nur zur Antwort: „Kraglbinder, machen S', was Sie wollen, ich hab jetzt keine Zeit, mein Date mit meiner neuen ‚Flamme' ist mir jetzt viel wichtiger!"
Wütend über diese Gleichgültigkeit, rief ich den Schlosser an, der kurz darauf das Schloss zu Müllers Eingangstür aufgebohrt hat. Der nunmehr defekte Zylinder wurde ausgewechselt und durch einen neuen ersetzt. Bei der anschließenden Durchsuchung der gesamten Wohnung und der Schränke konnte ich leider keinerlei pfändbare Habe entdecken. Die neuen Schlüssel habe ich in einem Kuvert bei der nächsten Polizeidienststelle hinterlegt. Der Schuldner musste ja zu jeder Zeit wieder Zutritt zu seiner Wohnung haben.
Einige Monate später traf ich den Schuldner spät abends in der Stadt. Meine Bedenken, jetzt könnte er vielleicht richtig sauer werden, waren unbegründet. Müller sah mich schon von Weitem, fing an zu klatschen und rief: „Vielen Dank, Kraglbinder, jetzt hab ich wenigstens wieder drei Schlüssel, zwei von meinem alten Schloss hab ich verloren. Jetzt kann ich meinem neuen Schatzi auch einen Ersatzschlüssel geben! Für das ersparte Geld kauf ich mir gleich ein paar Bierchen!"
Den Gläubiger kostete die ganze Aktion mit dem Schlosser 150 Euro.

25 Der beantragte Mahnbescheid

Mehrmals versuchte ich, ohne Erfolg, eine mir völlig unbekannte Schuldnerin namens Vera Meister in ihrer Wohnung zu erreichen. Es ging um die Forderung eines Fitness-Studios in Höhe von 650 Euro, die nicht bezahlt wurde. An Ort und Stelle hinterließ ich meine Kontaktdaten im Briefkasten.

Etwa zwei Wochen später erhielt ich von einem R e c h t b e i s t a n d (nicht: Rechtsbeistand) namens Richard Grashüpfer eine Rechnung über 950.000 Euro, die ich innerhalb von drei Wochen zu zahlen hätte. Als Rechtsgrundlage wurden VWVfg § 42a, UWV, GWG, HGB, Allgemeine Erklärung der Menschenpflichten und Menschenrechte, angegeben. Durch mein unrechtmäßiges Handeln sei der Vertrag über diese Summe als Schadensersatz zustande gekommen, teilte er mir mit.

Auf dieses Schriftstück habe ich natürlich nicht reagiert. Vier Wochen danach erhielt ich erneut einen Schriftsatz von R. Grashüpfer. Mir wurde nochmals Gelegenheit gegeben, mich innerhalb von acht Tagen zu erklären. Im Falle meiner Nichtäußerung wurden mir juristische Schritte mit Pfändung, Antrag auf Abgabe der Vermögensauskunft und anderes angedroht. Unterschrieben hat Grashüpfer R. - in Selbstverwaltung der natürlichen Person nach BGB § 1 mit Erklärung zum veränderten Personenstand vom 23.11.2010 gem. International Criminal Court, Ref. Nr. ....

Und schon wieder hatte ich es mit einem Reichsbürger zu tun!

Mein Ansinnen, die Schuldnerin solle sich bei mir melden, wurde mit aller Entschiedenheit zurückgewiesen. Beinahe täglich wurde ich dann mit Mahnungen und Rechnungen des Rechtbeistandes per Einschreiben mit Rückschein bombardiert. Da ich mich hauptsächlich nur zu den Sprechzeiten im Büro aufhielt, musste ich mich immer wieder durch den starken Stadtverkehr zum Postamt quälen und dort in einer Warteschlange anstehen. Das kostete eine Menge Zeit und war sehr lästig. In einem Schreiben wurde mir eingeräumt, dass ich den gegen mich

geltend gemachten Schadensersatzanspruch bis zum folgenden Monatsersten per Überweisung, bar oder in physischem Edelmetall (Gold, Platin etc.) in marktüblicher Stückelung aushändigen könnte. Entstehende Kosten des Transfers hätte dann der Empfänger getragen.
Auch auf diesen unverschämten Schriftsatz habe ich nicht geantwortet. Die Schuldnerin hat sich auch weiterhin nicht bei mir gemeldet. Schließlich habe ich die Zwangsvollstreckung eingestellt und beim Gläubiger angeregt, einen Antrag auf Abgabe der Vermögensauskunft zu stellen.
Nach ein paar Wochen, ich hatte die Angelegenheit schon fast vergessen, ereignete sich etwas Kurioses: Meine Frau trug die neuen Aufträge in das Dienstregister ein. Bei einem Auftrag der Landesjustizkasse stand mein Name. Es ging um die Gerichtskosten in einer Sache Meister gegen Kraglbinder in Höhe von 2578 Euro. Da wurde ich stutzig, denn mein Nachname ist ja sehr selten.
Neugierig wie ich bin, erkundigte ich mich telefonisch bei der Justizkasse nach dem Vornamen und der Adresse dieser Person mit dem gleichen Nachnamen. Dort erhielt ich die Auskunft, dass ein Antrag auf Erlass eines Mahnbescheides über knapp 1 Million Euro gegen einen Sepp Kraglbinder, also mich, mit meiner Büroadresse dort eingegangen sei. Sobald der Gerichtskostenvorschuss für den Mahnbescheid bei der nunmehrigen Schuldnerin beigetrieben ist, wird dem Antrag stattgegeben, hieß es.
„Das darf doch nicht wahr sein", entrüstete ich mich. Aufgeregt informierte ich sogleich den Direktor des Amtsgerichts über diese Unverschämtheit. Er meinte nur, ich müsste, sobald der Mahnbescheid erlassen und mir zugestellt werde, sofort Widerspruch einlegen.

Wegen Befangenheit und nach Rücksprache mit meinem Dienstvorgesetzten habe ich das Verfahren an meine Vertreterin abgegeben. Zur Beitreibung des Betrages kam es jedoch nicht, da die inzwischen verzogene Vera Meister in einem anderen Amtsgerichtsbezirk wohnhaft war. Sie war amtsbekannt vermögenslos und hatte die Vermögensauskunft in einer anderen Sache bereits abgegeben.
Daher wurde der Mahnbescheid gegen mich nicht erlassen.

26 Ein unvergesslicher Silvesterabend

Bei uns zu Hause ist es am Silvesterabend immer Brauch, bei einem leckeren Fondue zusammenzusitzen. Diesmal durften unsere ältesten Kinder erstmals dabei sein. Sie waren schon ganz aufgeregt, denn in etwa zwei Stunden sollte es losgehen.

Meine Frau war in der Küche beschäftigt mit dem Zubereiten der Soßen, und ich spielte mit Verena und Marcel im Wohnzimmer beim Lichterglanz unseres Christbaumes. Wir hatten Decken über unseren länglichen Wohnzimmertisch zu den Lehnen des Sofas gespannt, um ein tolles Zeltlager zu bauen. Dann begann die Einrichtung unserer neuen Wohnstatt. Die Kinder schleppten allen möglichen Krimskrams an: Kissen, Puppengeschirr, Stofftiere, und zuletzt wurden zu meiner Verwunderung von Marcel auch noch eine Rassel und eine Handtrommel sowie zwei Schraubenzieher darunter verstaut. Ich stellte keine Fragen, wofür die letzten Gegenstände eigentlich gut sein sollten, sondern ergab mich ganz meinem Schicksal. Das bedeutete, im Lager auszuharren und die Kinder einfach machen zu lassen.

„Ein Unwetter kommt auf!", rief Marcel und kauerte sich mit Verena und mir im Lager zusammen, wobei die beiden zu blasen anfingen, um einen Sturm zu imitieren. Nun kam die Rassel zum Einsatz, welche sich wie ein prasselnder Gewitterregen anhörte.

„Jetzt kommt der Donner!" Marcel klopfte ganz fest auf die Trommel. „Achtung, Papa, jetzt kommt der Blitz!"

Ich sah noch einen Lichtbogen über uns zucken und dann war es auf einmal stockfinster im ganzen Haus! Aus der Küche hörte ich einen Schreckenslaut meiner Frau, die sich prompt in den Finger geschnitten hatte. Mit dem blutigen Finger im Mund drückte sie vergeblich auf alle Lichtschalter. „Um Gotteswillen, was ist denn jetzt passiert?", schrie sie entsetzt.

Mir kam nach dem ersten Schock ein furchtbarer Verdacht: Marcel und die Schraubenzieher! Wurde dadurch der Kurzschluss ausgelöst? Er war ja ein schlaues Kerlchen. Ich hatte wohl versäumt, die Steckdose hinter der Couch mit einer Kindersicherung zu versehen. Außerdem erinnerte ich mich schlagartig an ein Gespräch mit Marcel, in dem ich ihn davor warnte, mit spitzen Gegenständen wie Scheren, Nägeln oder Schraubenziehern in den Steckdosen herumzustochern, weil sonst ein Blitz herauskommen könnte. Daran hat er sich anscheinend erinnert und war auf die Idee gekommen, mit den beiden Schraubenziehern das Gewitter um einen Blitz zu bereichern.

Jetzt war in unserem Lager alles vor Schreck mucksmäuschenstill. Dann begann Verena leise zu wimmern, von unserem Sohn war noch nichts zu hören. Vielleicht hat ihn ein Stromschlag außer Gefecht gesetzt, befürchtete ich. Voller Panik riefen meine Frau und ich wiederholt seinen Namen. Nach einer gefühlten Ewigkeit meldete er sich kleinlaut. Erleichtert quälte ich mich zwischen Kissen und Stofftieren aus dem Lager heraus. Dabei schlug ich mir noch an der Tischkante heftig meinen Kopf an. Benommen tastete ich mich im Dunklen die Kellertreppe hinunter, um die Hauptsicherung wieder zu aktivieren.

Kurz darauf klingelte das Telefon. Es war der Nachbar eines Schuldners, dem ich meine Nummer gegeben hatte. Ich hatte ihn schon vor mehreren Wochen gebeten, mich zu verständigen, sobald der Schuldner daheim sei. Wiederholt hatte ich vergeblich versucht, diesen zu erreichen. Auf Schreiben von mir hat er nie reagiert. Inzwischen hatte ich einen Haftbefehl zu vollziehen, da er grundlos zu einem festgesetzten Termin nicht erschienen war.

Jetzt an Silvester wurde ich bereits zum zweiten Mal von Finkbeiners Nachbarn verständigt, dass der Schuldner zu Hause sei. Der erste Anruf war am späten Nachmittag des Heiligen Abends erfolgt. An diesem Tag hatte ich jedoch von der Durchführung des Auftrages abgesehen, da mir meine Ehefrau mit der Trennung drohte, falls ich die Absicht hätte, meinen Dienstgeschäften an einem solchen Tag - noch dazu während meines Urlaubs - nachzugehen. Doch an diesem Silvesterabend war ich fest entschlossen, den Auftrag noch durchzuführen. So verständigte ich gegen 19 Uhr die örtliche Polizei und bat um Unterstützung. Dann machte ich mich auf den Weg.

Zwei Häuser vor dem Anwesen von Finkbeiner warteten bereits die Kollegen von der Polizei. In der Einfahrt des Bauernhauses parkten verschiedene Luxuslimousinen. Durch ein Fenster im Erdgeschoss konnte ich beobachten, wie Finkbeiner gut gelaunt seinen Gästen zuprostete. Das Lachen wird ihm jetzt gleich vergehen, stellte ich mir bildlich vor. Ich begab mich zur Haustür und betätigte die Glocke. Es dauerte nicht lange, bis Frau Finkbeiner, die mich von früheren Vollstreckungsversuchen kannte, völlig überrascht die Haustür öffnete.

„Ja, Herr Kraglbinder, was führt Sie denn heute zu uns?", begrüßte sie mich erschrocken. In diesem Moment hörte ich einen Stuhl krachend zu Boden fallen. Ohne mich vorzustellen, stand ich gleich darauf im Wohnzimmer vor den erstaunten Gästen.

„Lassen Sie sich nicht durch mich stören! Ich suche nur Ihren Gastgeber, den Herrn Finkbeiner!"

Ich schaute in alle Zimmer, sogar unter den Tisch und in alle Schränke, ob sich der Schuldner etwa dort versteckt haben könnte. Inzwischen hatten die Beamten das gesamte Anwesen mit Scheinwerfern ausgeleuchtet. Auf dem Dach entdeckten wir schließlich den Gesuchten, der versucht hatte, sich der Verhaftung durch Flucht zu entziehen. Die an der Dachrinne angelehnte Leiter wurde von einem Beamten gleich entfernt.

„Herr Finkbeiner, kommen S' doch wieder runter, es hat doch keinen Sinn, nicht dass noch etwas passiert!", forderte ich ihn auf.

Seine aussichtslose Lage erkennend, kippte er die angelehnte Dachluke nach unten und kletterte ins Haus zurück. Wutentbrannt kam er im Treppenhaus die Stufen herunter. Dabei schubste er mich zur Seite. Schließlich äußerte er noch, dass er selbstmordgefährdet sei. Hierauf wurde zu seiner eigenen Sicherheit eine Leibesvisitation durchgeführt und ich gab ihm zu bedenken, dass nunmehr auch die Unterbringung in der Psychiatrie in Frage kommen könne. Seine Selbstgefährdung hat er hierauf gleich wieder zurückgezogen. Da Finkbeiner zur Abgabe der Vermögensauskunft nicht bereit war, wurde er in die Justizvollzugsanstalt eingeliefert.

Ohne eine Zahlung geleistet zu haben und ohne die geforderte Vermögensauskunft wurde der Schuldner auf Weisung der Gläubigerin nach drei Tagen wieder aus der Haft entlassen. Mein Unverständnis hierüber habe ich dem Sachbearbeiter umgehend telefonisch mitgeteilt. Zugleich gab ich ihm zu verstehen, dass ich mich bei einer erneuten Auftragserteilung nicht mehr so sehr engagieren würde.

27 Der tiefe Fall eines „Nachbarn"

Für Eltern ist es besonders schön, wenn sich ihre Kinder für die gleichen Hobbys begeistern können. Und so war es auch für mich eine große Freude, dass sich mein Sohn Marcel für das Tennisspielen interessierte. Irgendwann, mit elf Jahren, wollte er dann in der Kindermannschaft mitspielen. Am Tennistraining nahm er auch regelmäßig teil.
Kurz vor dem Ende einer Trainerstunde, bei der sechs Kinder anwesend waren, schreit ein zuschauender Junge: „Hey, Kraglbinder-Bua, das ist ja kein Wunder, wenn du den Tennisball nicht triffst! Seh ich da richtig, du hast ja Treter vom Aldi an!"
Alle Trainingsteilnehmer schauten auf die Schuhe von Marcel und lachten. Die anderen hatten Markenschuhe an. Mein Sohn beendete sofort das eigentlich noch zehn Minuten dauernde Training und rannte wütend nach Hause. Er läutete Sturm und knallte mir die Dinger kommentarlos mit voller Wucht vor die Füße. Besorgt fragte ich ihn, was ihn denn aus der Bahn geworfen habe? Hierauf erzählte er mir den Vorfall und war fest entschlossen, ohne anderes Schuhwerk künftig keinesfalls am Training teilzunehmen. Ich versuchte, ihn zu beruhigen und zu erklären, wie wichtig es sei, seinen Kindern etwas Sparsamkeit beizubringen. Dabei erwähnte ich meine Kundschaft, die oft über ihre Verhältnisse lebt.
„Manche nehmen sogar Kredite für die Hochzeitsfeier oder den Urlaub auf und können dann irgendwann nicht mehr ihre Raten bezahlen. Vielen Leuten wird es auch zu leicht gemacht, etwas zu kaufen. Da werden Null-Prozent-Zinsen versprochen, wenn man irgendwelche Dinge erwerben möchte. Das alles ist nur schwer zu verstehen. Uns war es nur durch Sparsamkeit möglich, dieses Haus zu kaufen; und in ein paar Jahren sind wir schon schuldenfrei. Außerdem haben wir zwei Autos, die bezahlt sind, weshalb ich keine Leasinggebühren entrichten muss. Markus, der dich auf dem Platz bloßgestellt hat, wohnt zur Miete, und die Bonzenfahrzeuge seiner Eltern sind sicherlich nicht bezahlt. Es gibt

im Leben viel wichtigere Dinge als materielle", versuchte ich Marcel zu erklären.
„Markus' Vater parkt fast täglich verbotenerweise in der Stadt, 30 Meter von seinem Geschäftslokal entfernt, großkotzig, im eingeschränkten Halteverbot", fuhr ich fort. „Offensichtlich möchte er jedem zeigen, welches Auto er sich leisten kann, und dass ihn Strafzettel nicht interessieren."
Dann bat ich Marcel noch, dieses Gespräch für sich zu behalten, weil ich keinen Unfrieden in der Nachbarschaft haben wollte.

Etwa ein Jahr später trennten sich die Eltern von Markus. Seine Mutter blieb zunächst im Haus wohnen, während der Vater kurz darauf in meinen Bezirk verzogen ist. Es dauerte nicht lange, und schon bekam ich einen Zwangsvollstreckungsauftrag gegen ihn. Artinger hatte versäumt, Einspruch gegen einen Mahnbescheid, der auf seinen Namen lautete und offensichtlich seine inzwischen zahlungsunfähige GmbH betraf, einzulegen. Und so machte ich mich auf den Weg zu meinem ehemaligen Nachbarn. Allerdings traf ich ihn in seiner Wohnung zunächst nicht an. Ich hinterließ eine Nachricht, er solle sich, zur Vermeidung der Zwangsöffnung, innerhalb von drei Tagen bei mir melden. Dies tat er dann auch und war sehr erfreut, von mir betreut zu werden. Er meinte schließlich noch, ich solle doch bei ihm zu einem Kaffee vorbeikommen, damit er die Angelegenheit mit mir in Ruhe besprechen könne. Das habe ich jedoch gleich abgelehnt, weil es für mich wichtig ist, Privates vom Dienstlichen strikt zu trennen.
Beim Termin in der Wohnung des Schuldners waren nicht - wie früher - ein Beamer oder eine Rolf-Benz-Sitzgruppe zu finden, sondern die gesamte Einrichtung war sehr spartanisch. Eigentlich wäre „Jaffa-Möbel" der richtige Ausdruck für das Mobiliar gewesen.
Hierauf habe ich Artinger, da der Pfändungsversuch in der Wohnung erfolglos verlaufen war, auf Antrag des Gläubigervertreters in mein Büro vorgeladen. In diesem Schreiben wurde auch auf die Folgen hingewiesen, wenn er nicht erscheine.

Am Termintag, zur festgesetzten Uhrzeit, kam Georg Artinger in mein Büro. Er beabsichtigte, die Forderung ratenweise zu begleichen. Doch plötzlich entdeckte ich an seinem Arm eine besondere Uhr. Zunächst war mir nicht klar, ob es sich tatsächlich um eine Rolex handelte. Ich fragte ihn, ob das Ding an seinem Handgelenk echt sei oder aus China stamme. Und da bekam ich zur Antwort: „Was glaubst du denn, ich würde doch niemals gefakte Sachen tragen!"
Hierauf bat ich ihn, mir doch die Uhr zu zeigen, damit ich feststellen könne, ob sie echt oder gefälscht sei. Voller Stolz übergab er mir seine Uhr. Ich hierauf: „Georg, es tut mir leid, aber die Uhr ist jetzt gepfändet, ich habe nämlich noch zwei weitere Aufträge gegen dich! Vermutlich kannst du als Hartz-IV-Empfänger die Rolex nicht mehr auslösen!"
Georg sprang wütend vom Stuhl auf und fuhr mich mit aggressiver Stimme an: „Schämst du dich nicht, jetzt nimmst du mir noch mein wertvollstes Stück weg!"
Darauf stand auch ich auf und wies ihn zurecht: „Was glaubst du eigentlich, welche Interessen ich zu vertreten habe: die von mehreren Gläubigern, die berechtigt von dir Geld zu kriegen haben, oder die eines ehemaligen Nachbarn, mit dem ich zwei Mal ein Bier getrunken habe? Im Übrigen ist für mich nicht nachvollziehbar, wie man als Arbeitsloser so braun gebrannt sein kann und sich noch dazu so ein tolles Fahrzeug leistet?"
Artinger meinte nunmehr, er müsse mindestens zweimal wöchentlich ins Solarium gehen, sonst sei er auf dem Arbeitsmarkt nicht mehr vermittelbar.
Einen Versteigerungstermin für die Uhr habe ich drei Wochen später bestimmt. Zu diesem Termin kam auch der Schuldner. Aus dem Fenster konnte ich beobachten, wie Artinger einem Interessenten, mit dem er anscheinend gut bekannt war, verstohlen Geld zusteckte. Diesen Betrag habe ich daraufhin gepfändet und den Zuschlag für die Uhr einem anderen Bieter erteilt.
Wenige Wochen später ist Artinger unbekannt verzogen. Ich habe nie mehr etwas von ihm gehört.

28 Der verhängnisvolle Komposthaufen

Wieder einmal hatte ich einen Schuldner aufzusuchen, der sich trotz mehrfacher schriftlicher Aufforderung bei mir nicht gemeldet hatte. Obwohl er Anwalt war, ließ er sämtliche von mir gesetzten Termine verstreichen. So ist er auch zum Termin zur Abgabe der eidesstattlichen Versicherung nicht erschienen. Auf Antrag des Gläubigervertreters habe ich ein paar Tage später einen Haftbefehl erwirkt. Dieser würde mich nunmehr auch ermächtigen, notfalls seine Wohnung zwangsweise zu öffnen, falls der Verdacht bestand, dass er zu Hause war.
In der Folgezeit versuchte ich wiederholt, auch außerhalb meiner Dienstzeit, manchmal frühmorgens, abends und sogar am Wochenende, Ziegelmeier zu verhaften. Seinen Briefkasten hatte er offensichtlich seit Wochen nicht mehr geleert. Im Haus waren sämtliche Fenster geschlossen und zu keiner Zeit brannte Licht. Auch Nachbarn hatten ihn seit längerer Zeit nicht mehr gesehen. War er verreist oder vielleicht im Krankenhaus, fragte ich mich. Aber über zwei Monate weg zu sein, erschien mir schon seltsam.
So schaute ich auch regelmäßig den Komposthaufen an - und siehe da, mehrmals wurden hier Grünabfälle entsorgt. Also war er vielleicht doch zu Hause? Ich bat die Beamten der örtlichen Polizeistation, mich zu verständigen, sobald der Verdacht bestehe, Ziegelmeier könnte daheim sein.

Eines Morgens, um 6.30 Uhr, läutete dann bei mir das Telefon. Zwei Polizeibeamte, die Streife fuhren, berichteten, im 1. Stock des Hauses stehe die Balkontür offen. Ohne zu frühstücken fuhr ich gleich los, denn schließlich wollte ich das alte Verfahren endlich abschließen. Am Haus angekommen, warteten bereits die Polizisten auf mich. Ohne zu läuten kletterte einer der Beamten über eine Trennwand zum Nachbarn auf den Balkon. Danach öffnete er seinem Kollegen und mir die Eingangstür des Hauses. Nach Durchsuchung des Kellers und des Erdgeschosses begaben wir uns in den 1. Stock. Durch eine geschlossene Tür hörten wir eindeutige Geräusche, die auf ein wichtiges „Geschäft" hinwiesen.

Auf mein mehrmaliges Klopfen trat zunächst Stille ein. Kein Laut war mehr zu hören. Hatten wir uns womöglich doch getäuscht? Ich klopfte an die Tür. „Hier Gerichtsvollzieher Kraglbinder, machen S' endlich auf, ich habe einen Haftbefehl gegen Sie."

Es erfolgte keinerlei Reaktion. Irgendwann, nach etwa fünf Minuten ständigen Klopfens und Redens wurde es mir zu blöd, ich rief mit lauter Stimme: „Herr Ziegelmeier, ich zähle jetzt bis 20, und wenn Sie dann noch immer nicht aufmachen, breche ich die Tür auf! Dann ist es mir egal, ob Sie Ihren Hintern abgeputzt haben oder nicht. Notfalls fahre ich Sie auch ohne Unterhose in die Justizvollzugsanstalt!" Ich begann zu zählen: „Eins, zwei, drei ..."

Bei der Zahl 16 angekommen, entriegelte der Schuldner die Tür. Er hatte endlich eingesehen, dass es sinnlos war, sich noch länger vor mir zu verstecken. Da er nunmehr bereit war, das Vermögensverzeichnis auszufüllen, bedankte ich mich vielmals bei den Kollegen von der Polizei. Sie konnten wieder fahren, da kein Widerstand zu befürchten war. Beim Dienststellenleiter der zuständigen Polizeiinspektion bedankte ich mich später noch schriftlich für die großartige Unterstützung der Beamten.

Bereitwillig hat Ziegelmeier dann alle meine Fragen beantwortet. Er machte einen sehr depressiven, niedergeschlagenen Eindruck. Unter Tränen berichtete er mir von seiner zerrütteten Ehe. Auch hatte er keinen Kontakt mehr zu seinem einzigen Sohn. Als Anwalt konnte er seit einiger Zeit nicht mehr tätig sein, er war tabletten- und alkoholsüchtig geworden. Kontakt zu anderen Personen bestand nicht und Freunde hatte er schon lange nicht mehr. Schon viele Jahre lebte er von der Unterstützung seiner Mutter.

29 Der Klinikaufenthalt

In den letzten zwei Jahren hatte ich bemerkt, wie insbesondere meine Kraft und Leistungsfähigkeit erheblich nachgelassen hatten. Zu sportlichen Aktivitäten musste ich mich oft zwingen und bei Gartenarbeiten waren immer öfter Pausen erforderlich. Es war ein schleichender Prozess, den man nicht wahrhaben will. Ich tröstete mich immer wieder damit, dass der Ruhestand in greifbarer Nähe sei und dann sowieso alles wieder besser würde. In den letzten zwei Jahren vor meiner Pension hatte ich jeweils die Hälfte meines Jahresurlaubs angespart, damit ich mein Arbeitsleben dann früher beenden konnte. Ich wollte mich auch nicht mehr mit der vom Ministerium geplanten Einführung der elektronischen Akte befassen.

Es war für mich immer wieder ein Erlebnis der besonderen Art, die digitale Welt verstehen zu müssen. Als dann auch noch eines Tages,

aus unbegreiflichen Gründen, mein Neben-PC vom Haupt-PC keine Daten mehr abgreifen konnte, verursachte das bei mir wieder gewisse Aggressionen. Am liebsten hätte ich das Zeug aus dem Fenster geworfen! Da ich jedoch als selbstständiges Organ der Rechtspflege für den geregelten Ablauf alleine verantwortlich war, musste ich auch mit diesen unschönen Dingen klarkommen. Hatte ich denn nicht schon genug Ärger mit meiner Kundschaft? Aber so blieb mir nichts anderes übrig, als meinen Softwareanbieter um Hilfe zu bitten. Doch dessen Rat, alle Netzwerkkarten, sämtliche Kabel und auch noch den Router auszutauschen, brachte mich nicht weiter.
Auch dem IT-Spezialisten war es ein großes Rätsel, dass letzten Endes erst das Austauschen der PCs zum Erfolg führte. Damit wurde der Neben-PC zum Haupt-PC und der Haupt-PC zum Neben-PC. Folglich mussten auch die Druckertreiber und alles andere neu installiert werden. Es verging nahezu keine Woche, in der es nicht - aus unerklärlichen Gründen - Probleme gab.

Auch die zunehmenden Schwierigkeiten im Außendienst sowie die unerfreulichen Kontakte zu verschiedenen Reichsbürgern stellten für mich eine zusätzliche Belastung dar. Mut- und Kraftlosigkeit, die in einem Burnout und einer Depression endeten, waren die Folge. Die wiederkehrenden Aussagen meiner Kinder, sie hätten mich seit sehr langer Zeit nicht mehr lachen gesehen, wurden von mir verdrängt. Erst als körperliche Warnzeichen wie Herzbeschwerden, Schwindel, Durchfall und Juckreiz an verschiedenen Körperstellen verstärkt auftraten, wurde mir klar, dass ich möglichst bald ärztliche Hilfe in Anspruch nehmen müsste. Eine ambulante Psychotherapie brachte mich nicht wesentlich weiter, und so folgte die Einweisung in eine psychosomatische Klinik.

Völlig erschöpft kam ich dort an und stellte schnell fest, dass es sehr viele „Leidensgenossen" mit ähnlichen Symptomen gab. Erschreckt hat mich hier auch die hohe Anzahl der Jugendlichen im Alter von 14 bis 16 Jahren, die wegen Angstproblemen, Essstörungen, Depressionen und anderem hier Hilfe suchten. Die Klinik war zu mehr als 40 % mit

dieser Altersgruppe belegt. Noch jüngere Patienten werden grundsätzlich nicht aufgenommen. Die Nachfrage nach Plätzen ist sehr hoch. Die Wartezeit für die stationäre Aufnahme zu einer Therapie dauert mehr als ein Jahr.
Und so gab es auf meiner Station mehrere Lehrer, zwei Feuerwehrleute, zwei Polizisten, einen Dozenten, eine Studentin, eine Schülerin, einen Banker, einen Journalisten, einen Oberarzt, einen Unternehmer, eine Abiturientin und einen Architekten, die alle mit ähnlichen Symptomen wie ich hier waren.
In der ersten Stunde meiner Einzeltherapie hatte ich erhebliche „Berührungsängste" gegenüber der Psychologin, die auch meine Enkeltochter hätte sein können. Doch durch ihr großes Einfühlungsvermögen bemerkte ich bald, dass die „Chemie" zwischen uns stimmte. Immer wieder holte ich mir ins Bewusstsein, etwas ändern zu müssen. Wichtig erschien mir auch, Ratschläge anzunehmen und für Veränderungen achtsam zu sein. Bald wurde mir auch klar, wie viel Lebensqualität ich in den letzten Jahren verschenkt hatte.
Plötzlich bemerkte ich zum Beispiel, wie falsch es war, das Essen einer Tafel Schokolade in fünf bis acht Minuten als „Olympiadisziplin" anzusehen. Erst jetzt entdeckte ich den Genuss, was es heißt, ein kleines Rippchen, nach näherer Betrachtung, auf der Zunge zergehen zu lassen. Gefühlt hatte ich nunmehr „Gaumensex" in Vollendung! Was hatte ich in der Vergangenheit, insbesondere auch in anderen Bereichen, nicht alles versäumt!
Und doch war ich dankbar, wenigstens jetzt die Erkenntnis und den Willen erlangt zu haben, etwas zu ändern. Nicht die anderen waren schuld, als es mir immer schlechter ging, nein, es war die Abwärtsspirale, die mir immer mehr die Freude am Leben nahm und mich verzagen ließ. Auch die vielen Gespräche mit Mitpatienten halfen mir oft weiter. Manch andere hatten erheblich größere „Baustellen" als ich aufzuarbeiten. Die gleich am Anfang sehr vertraulich geführten Gespräche unter den Mitpatienten, die sich ja alle nicht kannten, machten einen tiefen Eindruck auf mich.

Eines Tages, beim Abendessen, hat sich eine ca. 60-jährige neue Mitpatientin an unserem Tisch zunächst namentlich vorgestellt. Die Enttäuschung, bei uns sitzen zu müssen, wo der Altersunterschied teilweise über 50 Jahre betrug, war ihr gleich anzumerken. Die sehr elegant gekleidete Dame mit Gucci-Tasche verstand es auch nicht, wie es Personen auf dieser Welt geben konnte, die - wie hier in der Klinik - Gefallen an Tätowierungen und Piercings fanden. Ihr Unverständnis brachte sie immer wieder zum Ausdruck. Wiederholt betonte sie, falsch in dieser Runde zu sein. Ihre gesundheitlichen und psychischen Probleme (sie ist mehrfach zusammengebrochen) seien eigentlich gar nicht so schlimm, meinte sie.

Mein Therapieschwerpunkt sah Achtsamkeit vor. Hier helfen verschiedene Übungen, bewusst und wertungsfrei den Augenblick zu erleben und auf den eigenen Körper zu hören. Dadurch wird die körperliche Anspannung reduziert und die Konzentration gefördert. Auch das Biofeedback war sehr hilfreich für mich. Mit Hilfe eines Computers konnte ich erkennen, dass es nach erzeugten Stresssituationen nur noch stark eingeschränkt möglich war, in Entspannungsphasen zu kommen. Es wurde Yoga, autogenes Training, progressive Muskelentspannung, Kunst- und Gestaltungstherapie, Sport und Bewegungstherapie, therapeutisches Klettern und vieles mehr angeboten.
Zu meiner Überraschung wurde ich schon am Anfang von meiner Bezugstherapeutin für die Kunst- und Gestaltungstherapie eingeteilt. Für mich war es bisher eigentlich unvorstellbar gewesen, mich künstlerisch zu betätigen. Ich schlug vor, einen Aschenbecher aus Ton anzufertigen; da ich Gelegenheitsraucher bin, schien mir so ein Ding ganz zweckmäßig zu sein. Dies hatte dann eine Einzeltherapiestunde für Gestaltung zur Folge. Viele meiner Mitpatienten sind vor Neid erblasst, wegen ihrer künstlerischen Begabung hätten viel lieber sie eine Einzelstunde gehabt.

Zu Anfang waren die ersten Gruppentherapiestunden für mich von Angst geprägt. Immer wieder standen Rollenspiele im Fokus. Dennoch war es spannend und erstaunlich, was man hierdurch entdecken konnte. Immer wieder gelangte man zu überraschenden Erkenntnissen.
So sollte in einer Therapiestunde jeder auf einen Zettel, den kein anderer einsehen konnte, seine persönlichen Stärken schreiben. Das Blatt wurde dann mit dem eigenen Namen beschriftet und dem Therapeuten überreicht. Im Anschluss daran wurden die Vermerke, ohne Namensnennung, vorgelesen. Alle anderen mussten dann erraten, auf welche Person die Stärken zutreffen könnten. Dann sollte jeder in der Runde erklären, welche Eigenschaften er am anderen besonders schätzte.
Eine ganz liebenswerte Mitpatientin (Lehrkraft an einem Gymnasium) berichtete danach weinend, noch nie so viele Komplimente und Anerkennung erhalten zu haben, wodurch sie nunmehr sehr glücklich sei. Sie hatte schon in jungen Jahren die Verantwortung und Pflege für ihre behinderte Schwester übernehmen müssen. Die Eltern (der Vater war Arzt) waren schon immer mit der schwierigen häuslichen Situation erheblich überfordert gewesen.
In den Gruppentherapiestunden sollten wir auch versuchen, unseren Mitpatienten Ratschläge zu erteilen, wie sie denn ihre schlechte Lage zum Positiven verändern könnten.
Ein Banker berichtete, beruflich habe er zwar alles erreicht, habe aber nun kein Ziel mehr vor Augen. Wegen anhaltender Depressionen war er in die Klinik gekommen. Ob er von mir den Ratschlag angenommen hat, er möge ein Buch über den Aufenthalt hier schreiben, wird sich noch zeigen.
Dann war da noch Alfred, sehr muskulös und kahlköpfig. Er griff nach ein paar Tagen mit aggressiven Worten eine Lehrerin an, die sich in der Gruppentherapie noch nie eingebracht hatte. Kurz darauf stellte sich heraus, dass sie genau wegen dieses Problems hier war.
Alfreds „Baustelle" waren Anpassungsschwierigkeiten. Tage später lief er mit einem T-Shirt mit dem entsprechenden Hinweis herum: „Vorsicht, ich habe Anpassungsstörungen!"

Beeindruckend für mich war während der Gruppentherapiestunde noch Folgendes: Jeweils zwei Patienten gingen zusammen für 20 Minuten im Ort spazieren. In dieser Zeit durfte nur über positive Dinge, die man wahrnahm, gesprochen werden. Plötzlich habe ich gemerkt, dass mein Leben in den letzten Jahren häufig nur von negativen Gedanken geprägt war. Da habe ich auch gerne folgenden Vorschlag angenommen: Stecke täglich fünf kleine Steinchen zunächst in die linke Hosentasche! Wenn irgendetwas gut war, nimmst du ein Steinchen und gibst es in die rechte Tasche. Hierdurch wurde mir bewusst, wie oft ich schöne Erlebnisse in den letzten Jahren nicht mehr erkannt hatte.

Kurz und gut: Ich habe sehr viel aus dem sechswöchigen Aufenthalt mitgenommen. Das Wichtigste für die Zukunft war, mehr im „Hier und Jetzt" zu leben. Wie oft hatte ich doch meine Kraft für Zukunftsängste vergeudet! Häufig ist es dann aber doch anders gekommen, als ich befürchtet hatte. Inzwischen aber werden auch die vielen schönen Dinge des Lebens wieder sehr bewusst von mir wahrgenommen.

30 Die Abschiedsrede

Nach nahezu 40 Dienstjahren als Gerichtsvollzieher habe ich mich bei meiner Dienststelle durch ein kleines Abschiedsfest mit folgender Rede verabschiedet:

„Guten Tag, meine Damen und Herren,

ich begrüße Sie heute zur anstehenden Versteigerung und gebe zunächst die Versteigerungsbedingungen bekannt: Zwangsweise versteigere ich an den Meistbietenden, gegen Barzahlung, meinen Dienstcomputer .
- Meine Frau schüttelt verständnislos ihren Kopf, die geladenen Gäste schauen sich schmunzelnd an. -

Ich fahre fort:
„Ich glaube, spätestens jetzt, haben meine Chefs, Herr Schmidhuber und Herr Ziegelmeier (diese sind jedoch schon seit einigen Jahren in Pension und auch gar nicht anwesend) bemerkt, dass ich besser mit sofortiger Wirkung als Sondermüll in den Ruhestand zu entsorgen bin. Die meisten von euch wissen, wie viel Nerven mich mein Computer gekostet hat. Nahezu so viel wie meine ganze Kundschaft. In meiner Vorstellung habe ich den PC, gefühlt mindestens hundertmal, aus dem Bürofenster geworfen. Nun ist der ‚Kriegszustand', der nur durch wenige Waffenstillstände unterbrochen war, endgültig Vergangenheit. Bei meinen jungen Gerichtsvollzieher-Kollegen und -Kolleginnen möchte ich mich deshalb ausdrücklich für ihre Hilfe, dieses ‚Folterinstrument' zu beherrschen, bedanken."

Anschließend versuchte ich zu erklären, dass es während meiner Dienstzeit immer wieder schwierig war, meinen Beruf auszuüben.

„Die Problemfälle habe ich auf meiner geistigen Festplatte inzwischen gelöscht. In meinen Unterlagen habe ich aber ein paar witzige Schriftstücke entdeckt, die ich jetzt noch vorlesen möchte.
So hat unter anderem vor vielen Jahren ein Rechtspfleger beim Landgericht folgenden Beschluss erlassen:

Der Kostenfestsetzungsbeschluss vom 1.10.1988 wird berichtigt auf 1293,00 DM.
Gründe: Nachdem sich der Pulverdampf der Streitbeschwerde etwas verzogen hat, blickt der Rechtspfleger wie folgt durch.

Schreiben an eine Rechtsanwältin:
Sehr geehrte Frau Rechtsanwältin; erörtert oder nicht erörtert, das ist hier die Frage. Und das Protokoll, es schweigt mich gähnend an. Und was tun Sie?

Übrigens ist mir jetzt erst klargeworden, weshalb ich in den letzten Jahren keinen Gerichtsvollzieheranwärter mehr bekommen habe. Beim Ausräumen meines Büros habe ich folgendes Ausbildungszeugnis gefunden. Vermutlich aufgrund dieser Beurteilung wurde mir kein Auszubildender mehr zugewiesen. Ich lese jetzt den Text vor, sicherlich ist dann der ein oder andere Mitarbeiter des Amtsgerichts mit seiner eigenen Beurteilung wieder zufrieden:

Herr ... ist ein freundlicher junger Mann, stets gut gelaunt und lustig. Er ist bemüht, sein ohnehin vorteilhaftes Erscheinungsbild durch Fitnesstraining zu verbessern. Bedauerlich ist jedoch seine zu schwache Blase, die einen künftigen Gerichtsvollzieher-Bezirk mit zentraler Toilette erforderlich macht.

Seine Kenntnisse beschränken sich ausschließlich auf die Verdienstmöglichkeiten als Gerichtsvollzieher und die Nutzung des Computers für Computerspiele.
Seine Leistungen bewegen sich im Wesentlichen im kulinarischen Bereich, sowie im Betrieb leistungsstarker Fahrzeuge. Außerdem besitzt er einen ausgeprägten Familiensinn.

Bevor ihr mich steinigt: Das war nur ein Fake-Zeugnis!

Gefunden habe ich auch noch ein nahezu 100 Jahre altes Schreiben, das an die verschiedenen Dienststellen zur Beachtung verschickt wurde:

Die schwierigen Ernährungsverhältnisse der letzten Jahre haben viele Beamte, die in Gerichts- oder Gefängnisgebäuden eine Dienst- oder Mietwohnung innehaben, veranlasst, K l e i n t i e r e zu halten. Die Kleintierzucht seitens der Wohnungsnutznießer hat in manchen Fällen einen Umfang angenommen, der mit der Bedeutung und Zweckbestimmung der Gebäude nicht vereinbar ist. Manche Beamte in ländlichen Gemeinden sind sogar dazu übergegangen, in amtlichen Gebäuden Schweine und Ziegen zu halten, wodurch erfahrungsgemäß Holz- und Mauerwerk stark mitgenommen wird und beträchtliche Bauunterhaltungskosten entstehen. Gegen das Halten von Geflügel wird keine Erinnerung erhoben werden, wenn ein geeigneter Raum zur Unterbringung der Tiere und ein genügend großer Platz für ihren Auslauf vorhanden ist. Eine Belästigung der Mitbewohner muss unter allen Umständen vermieden werden. Das Halten von anderen Kleintieren in amtlichen Gebäuden ist durchwegs zu verbieten.
Ich ersuche, dafür zu sorgen, dass jeder in Widerspruch stehende Zustand bis spätestens 30.06.1923 zu beseitigen ist. Hierüber ist mir zu berichten.

Und nun möchte ich mich noch abschließend bedanken bei meinen Kolleginnen und Kollegen für die gute Zusammenarbeit, insbesondere jedoch bei meiner Ehefrau, die mich immer tatkräftig unterstützt hat und meine Launen ertragen musste."

Auf die Fragen meiner Kolleginnen und Kollegen, wie ich denn nunmehr meine freie Zeit gestalten werde, verwies ich auf die Gedanken meiner Ehefrau, die meinte, ich könne mich zur Vermeidung von „Entzugserscheinungen" als ehrenamtlicher Mitarbeiter bei der Schuldnerberatungsstelle einbringen.

„‚Allein dieser Gedanke ist schon strafbar', sagte ich zu ihr. Hierauf hatte sie noch eine andere Idee und schlug Folgendes vor:
‚Seit mehr als 45 Jahren bist du nun schon bei mir im betreuten Wohnen. Häufig droht nach so einer Wohnform bald das Altenheim. Eigentlich könntest du, um das Ganze noch etwas hinauszuzögern, dein Sportprogramm erweitern. Das regt die Neubildung von Synapsen an!'"

Sodann wurde die Feier mit einem heiteren Abschiedslied beendet.

31 Schlusswort

Als ich vor 40 Jahren meinen Dienst als Gerichtsvollzieher angefangen habe, war es vielen Schuldnern noch peinlich, wenn ich sie persönlich aufsuchte. Manche wollten wegen der Nachbarn keinesfalls mein geparktes Fahrzeug vor ihrem Anwesen sehen. Andere wiederum wünschten sich, ich solle doch anrufen, wenn sie etwas übersehen hätten. Im Büro wollten sie dann zeitnah die Forderung begleichen.
In der Regel betreut man sein „Klientel" sehr lange im gleichen Amtsgerichtsbezirk. Hier ist es wichtig, immer auf Distanz zu achten, damit kein „freundschaftliches" Verhältnis entsteht. Deshalb habe ich auch keinerlei Geschenke angenommen. Im Übrigen ist das auch von der Dienstaufsicht untersagt, da es sonst als Bestechungsversuch ausgelegt werden könnte.
Bereits zu Beginn meiner Tätigkeit habe ich aber gelernt, dass das Ablehnen einer Tasse Kaffee oder Tee, insbesondere bei unseren türkischen Mitbürgern, als unfreundlich oder sogar beleidigend ausgelegt werden kann. So bin ich immer wieder wegen Verständigungsschwierigkeiten ohne Erfolg vom Außendienst zu meinem Ausbildungsgerichtsvollzieher in dessen Büro gekommen. Erst durch einen entsprechenden Hinweis von ihm, ich dürfe diese „Einladung" nicht grundsätzlich ablehnen, konnte ich mich mit den ausländischen Mitbürgern, die ich dienstlich aufsuchen musste, auf Deutsch verständigen.

Jeder Tag in diesem Beruf ist anders, nie weiß man, was einen erwartet. Es menschelt ohne Ende. Manchmal hat man schlaflose Nächte wegen der zu erwartenden Schwierigkeiten. Den „Schalter" daheim kann man nicht so einfach umlegen, als wäre nichts gewesen.
Es liegt natürlich an unserem Berufsbild, dass wir bei unserer Kundschaft nicht gerne gesehen sind. Anerkennung für die geleisteten Dienste, wie oft in anderen Berufen üblich, ist bei uns in der Regel nicht zu erwarten. Da ist der Schuldner, der uns natürlich - wenn mög-

lich - erst gar nicht sehen will. Andererseits möchte der Gläubiger sehr schnell seine „Kohle" haben. Dennoch ist nicht ganz ausgeschlossen, gelegentlich ein herzliches Dankeschön zu erhalten. So möchte ich noch abschließend von folgendem Ereignis berichten:

Kurz vor meiner Pensionierung kam der Schuldner Bichlmeier zu mir ins Büro. Ich hatte ihn kurz zuvor aufgefordert, sich bei mir zu melden, da ich ihn unter seiner Anschrift persönlich nicht erreichen konnte. Der Vollstreckungstitel, der mir vom Gläubigervertreter vorgelegt wurde, war über 25 Jahre alt und belief sich auf 5450 DM.
Bichlmeier erzählte mir, dass er im Alter von 16 bis 30 Jahren heroinabhängig war. Drei Entzugstherapien halfen nichts. Zur damaligen Zeit war er meist ohne Wohnsitz und arbeitslos. Zeitweise hat er mit anderen Drogensüchtigen zusammengewohnt. Jeder von ihnen hat irgendwann einmal auf den Namen eines anderen Mitbewohners etwas bestellt. Der Besuch von Gerichtsvollziehern und die Abgabe des Offenbarungseides erfolgten regelmäßig.
Schon über zehn Jahre sei er nun clean und inzwischen seit mehr als acht Jahren verheiratet. Er habe auch zwei Kinder, die er sehr liebe. Sein Arbeitgeber sei teilweise mit seiner Vorgeschichte vertraut. Er könne jedoch nur mit eingeschränkter Unterstützung durch ihn rechnen. Mit dem vorliegenden Auftrag habe ihn sein „altes Leben" wieder eingeholt. Deswegen gebe es auch in seiner Familie erhebliche Spannungen. Ein Einigungsversuch mit dem Gläubigervertreter habe zu keinem Erfolg geführt. Am liebsten würde er jetzt alles hinwerfen. Er habe auch über einen neuerlichen Drogenkonsum nachgedacht, falls er seine Arbeitsstelle wegen einer Lohnpfändung verlieren würde.
Hierauf versprach ich, ihm zu helfen. Nach Schilderung seiner „Drogenkarriere" und seiner derzeitigen schlechten Verfassung war der Gläubigervertreter mit dem Abschluss eines Vergleichs in Höhe von 20 % der gesamten offenen Forderung einverstanden. Bichlmaier war unendlich dankbar und versprach mir ausdrücklich, mit Rücksicht auf seine Familie und insbesondere seine Kinder, nicht wieder in sein altes „Denkmuster" zu verfallen.

Am Ende meiner Erzählungen gilt mein Dank insbesondere meiner Familie, vor allem meiner Ehefrau, die mich durch schwierige Zeiten begleitet und tatkräftig unterstützt hat. Da sie von Anfang an meine gesamten Bürotätigkeiten erledigte, war sie immer am Puls der Zeit.

In meinen Geschichten habe ich gelegentlich auch von den kleinen Missgeschicken meiner Frau und meiner Sekretärin erzählt. Dabei war es keinesfalls meine Absicht, die Frauen zu diskriminieren oder lächerlich zu machen. Wohl jeder von uns hat schon das eine oder andere Missgeschick „verbrochen" und wäre im Anschluss daran am liebsten im Boden versunken. Ich jedenfalls betrachte die gelegentliche Schusseligkeit meiner Frau oder Sekretärin im Nachhinein als sehr erheiternd und liebenswert.

Im Laufe meiner Tätigkeit hat sich, wie auch sonst überall, sehr viel geändert. Nicht nur durch die Umstellung von der händischen Aktenführung auf den Computer. Auch der Umgang mit den Schuldnern ist anders geworden. Manche sind mit ihrer beruflichen und familiären Situation sehr unzufrieden. Der Frust wird dann mehr denn je bei uns abgelassen. Immer wieder habe ich mich als „Pseudo-Therapeut" verstanden. In der heutigen Zeit ist man sehr oft Vermittler zwischen den Parteien. Hauptziel ist es, überwiegend durch Ratenzahlungen den Gläubiger vollkommen zu befriedigen. Endstation im Zwangsvollstreckungsverfahren ist meist die Abgabe der Vermögensauskunft. Oft ergeben sich hier allerdings keinerlei Zugriffsmöglichkeiten mehr.

Ich hatte immer gehofft, dass man dem Gläubiger aus Kostenersparnis- und Beschleunigungsgründen, über den Gesetzgeber, zu einem unbürokratischen Titel verhelfen könnte. Mit seiner offenen Rechnung hätte er dann bereits den zuständigen Gerichtsvollzieher zur Beitreibung seiner Forderung beauftragen können. Hätte der Zahlungspflichtige, nach einer vorgegebenen Frist, keinen Widerspruch eingelegt, könnte der Gläubiger anschließend einen vollstreckbaren Titel erlangen. Andernfalls wäre der Vorgang an das zuständige Amtsgericht für ein streitiges Verfahren abzugeben.
Ob sich hier in absehbarer Zeit etwas ändern wird, möchte ich bezweifeln. Interessen der Rechtsanwälte sprechen gegen eine Änderung der derzeitigen Praxis. Welche Neuerungen insgesamt zu erwarten sind, wird schließlich erst die Zukunft erweisen.

32 Stilblüten und Kurioses

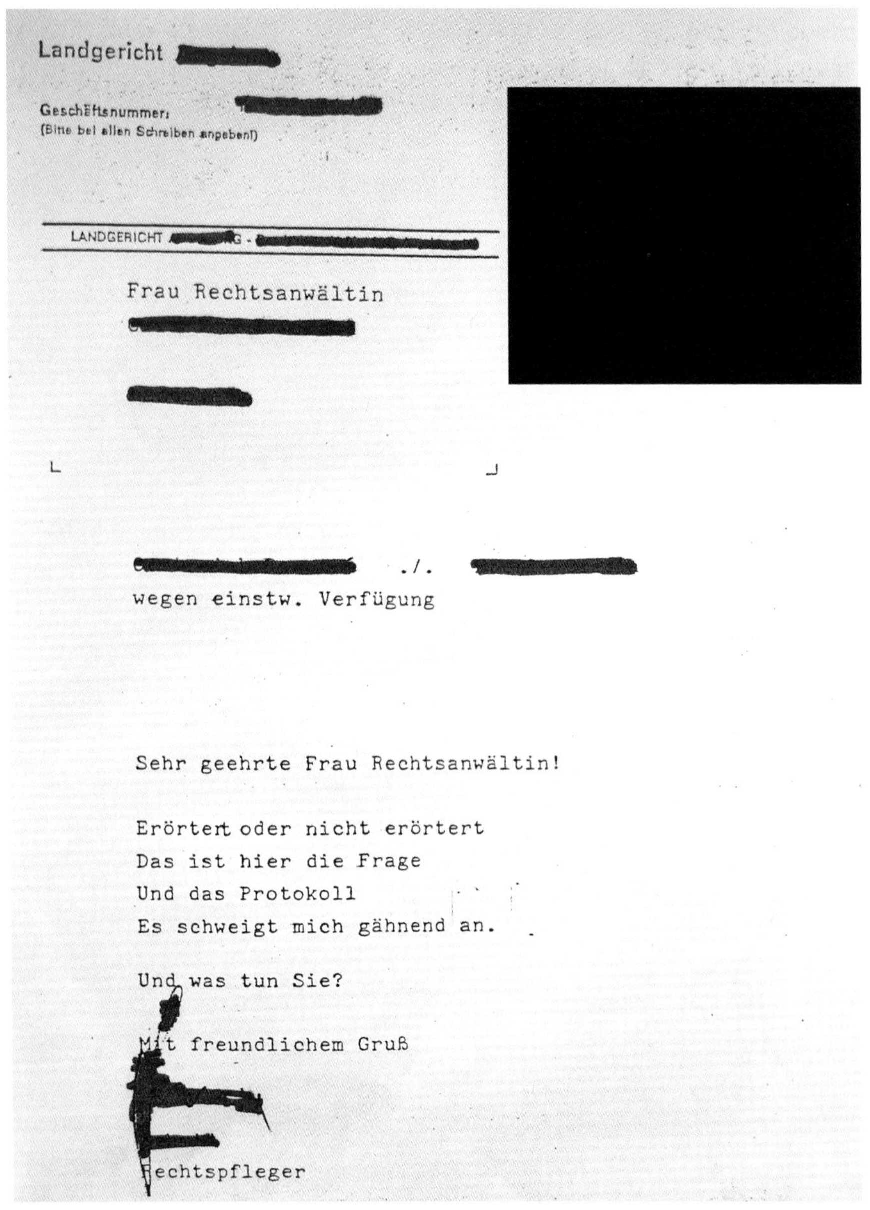

Landgericht

Geschäftsnummer:
(Bitte bei allen Schreiben angeben!)

LANDGERICHT G -

Frau Rechtsanwältin

./.

wegen einstw. Verfügung

Sehr geehrte Frau Rechtsanwältin!

Erörtert oder nicht erörtert
Das ist hier die Frage
Und das Protokoll
Es schweigt mich gähnend an.

Und was tun Sie?

Mit freundlichem Gruß

Rechtspfleger

Das Landgericht ███ . Zivilkammer,

erläßt

- ~~durch die unterfertigten Richter~~ -

- durch den unterfertigten ~~Einzelrichter~~ -
Rechtspfleger -

in Sachen

███, ███, ███

- Kläger -

vertreten durch Rechtsanwälte ███.

gegen

███, ███,
███

- Beklagte -

vertreten durch Rechtsanwalt ███, ███

wegen Feststellung

am - ~~auf Grund der mündlichen Verhandlung vom~~ ███

folgenden

B E S C H L U S S :

Der Kostenfestsetzungsbeschluß vom 1.10.1981
wird von 2.091,66 DM berichtigt auf
----------- 1.293,98 DM ----------------
m.W. Eintausendzweihundertdreiundneunzig 98/100 Deutsche Mark-

G r ü n d e :

Nachdem sich der Pulverdampf der Streitwertbeschwerden etwas verzogen hat, blickt der Rechtspfleger wie folgt durch:

26

BDB
von der Industrie- und Handelskammer für München und Oberbayern
öffentl. bestellter u. vereidigter Sachverständiger für Gebäudeschäden

Rechtsanwälte

8000 München

Gutachterbüro für: Dächer
Fassaden
Feuchteschutz
Schalldämmung

23.3.1982

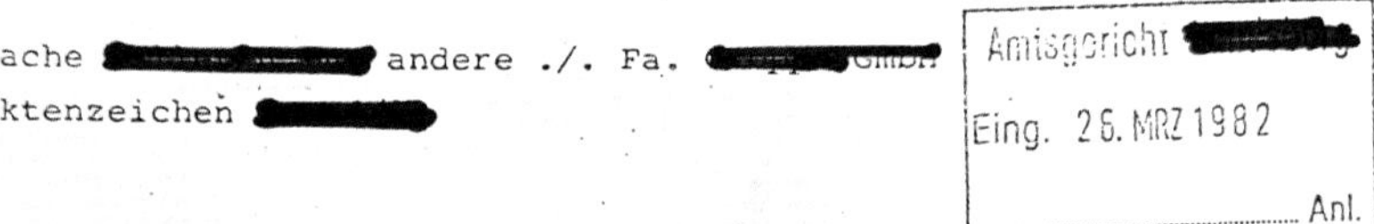

Sache andere ./. Fa. GmbH
Aktenzeichen

Amtsgericht
Eing. 26. MRZ 1982
.... Anl.

Sehr geehrte Damen und Herren,

ich setzte einen weiteren Termin für eine örtliche Augenscheinnahme auf Donnerstag, den 15.4.82, 1o Uhr fest.
Treffpunkt:

Der Beweisführer möge zwecks Öffnung der Dachisolierung Bauhelfer und Dachdecker mit Scheißapparat bereithalten. !

Mit freundlichen Grüßen

Vfg

WV m. E. 1.6.
(Gutachten ?)

26.3.82
Vö

Rechtsanwalt

Amtsgericht
- Mahnabteilung -

Az.:
Datum: 23.11.1981

In der Mahnsache

gegen

- -

nehme ich den Antrag auf Erteilung eines Mahnbescheides zurück. Der laut Mitteilung des Gerichtes seit 1940 verstorbene Antragsgegner hat nämlich am 03.11.1981 die Forderung der Antragsstellerin bezahlt.

Ich versichere, daß die Gerichtskosten von mir aus eigenem Vermögen verauslagt worden sind.

gez.

Rechtsanwalt

Beglaubigt
Rechtsanwalt

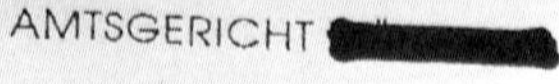

P. 001

AMTSGERICHT

16. Mai 1994

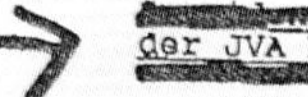

VORFÜHRUNGSBEFEHL

Es wird die zwangsweise Vorführung des Beklagten

, geb. am in , z. Zt. in Haft in der JVA München-Stadelheim

zur Blutentnahme beim

Institut f und H der Universität München, , 80333 München, R 0

sowie – im Falle der Weigerung – auch die zwangsweise Blutentnahme für die Erstellung eines serologischen Gutachtens angeordnet.

Mit der Vorführung wird der zuständige Gerichtsvollzieher beauftragt. Dieser ist berechtigt, die Zelle – falls erforderlich – auch zwangsweise öffnen zu lassen und bei Widerstand die Unterstützung der polizeilichen Vollzugsorgane in Anspruch zu nehmen (§ 758 ZPO).

Die Kosten der Vorführung hat der Beklagte zu tragen.

Die Vorführung entfällt, wenn er dem Gerichtsvollzieher nachweist, daß er sich der Blutentnahme bereits unterzogen hat (§ 372 a, 380 ZPO).

Richter am Amtsgericht

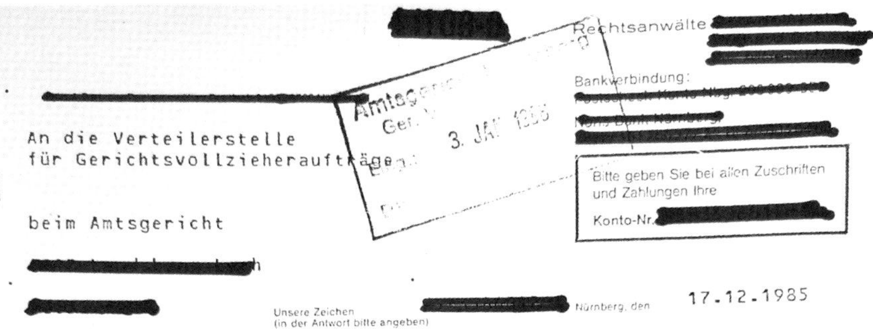

Rechtsanwälte

Bankverbindung:

Bitte geben Sie bei allen Zuschriften und Zahlungen Ihre Konto-Nr.

3. JAN 1986

An die Verteilerstelle
für Gerichtsvollzieheraufträge

beim Amtsgericht

Unsere Zeichen (in der Antwort bitte angeben) Nürnberg, den 17.12.1985

PFÄNDUNGSAUFTRAG

in Sachen

der Firma GmbH
vertreten durch Unterfertigten gegen

GERICHTSVOLLZIEHERVERTEILERSTE Beim Amtsgericht

bitten wir, soweit noch nicht geschehen, den anliegenden Vollstreckungstitel an den Schuldner unter der obigen Anschrift zuzustellen und beantragen gleichzeitig wegen

eines Teilbetrages von	380,-- DM
sowie 3/10 Gebühr gem. §§11, 57 BRAGO	15,00 DM
zuzüglich Auslagenpauschale gem.§ 26 BRAGO	2,25 DM
und zuzüglich 14,000 % Mehrwertsteuer	2,42 DM

Zwangsvollstreckung vorzunehmen. Wir versichern Geldempfangsvollmacht. Wir ermächtigen Sie, Versteigerungstermine ohne Rückfragen um ca. 4 Wochen zu verlegen, wenn Schuldner angemessene Teilzahlung leistet. Gleichzeitig bitten wir uns Abschrift vom Pfändungsprotokoll zu erteilen, wenn die Pfändung erfolgreich verlief, oder bei Pfandabstand im Pfändungsprotokoll der Arbeitgeber des Schuldners zuverlässig angegeben ist.
Falls der Arbeitgeber ermittelt wurde, bitten wir gem § 845 Abs. 1 ZPO eine Pfändungsbenachrichtigung zuzustellen und uns unverzüglich durch Übersendung einer Abschrift zu informieren. In den übrigen Fällen wird gebeten, nur einfache Pfandabstandserklärung zu erteilen

Hochachtungsvoll

Rechtsanwalt

Anlagen:

Vollstreckungsunterlagen

RECHTSANWÄLTE

An die Verteilungsstelle
für Gerichtsvollzieheraufträge
beim Amtsgericht

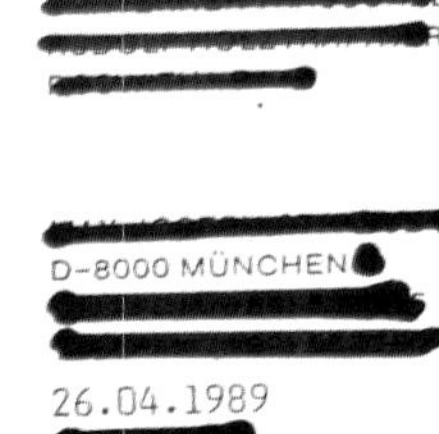

26.04.1989

Vollstreckungsauftrag
./.

Sehr geehrte Damen und Herren,

ich überreiche Ihnen anliegend den vollstreckbaren Schuldtitel sowie die beglaubigte Abschrift zur Zustellung des SChuldtitels und zur Zwangsvollstreckung durch die Wegnahme der vom Schuldner herauszugebenden im Titel näher bezeichneten Sache, nämlich

der silbergrauen Hauskatze namens Minki.

Mit freundlichen Grüßen

Rechtsanwalt

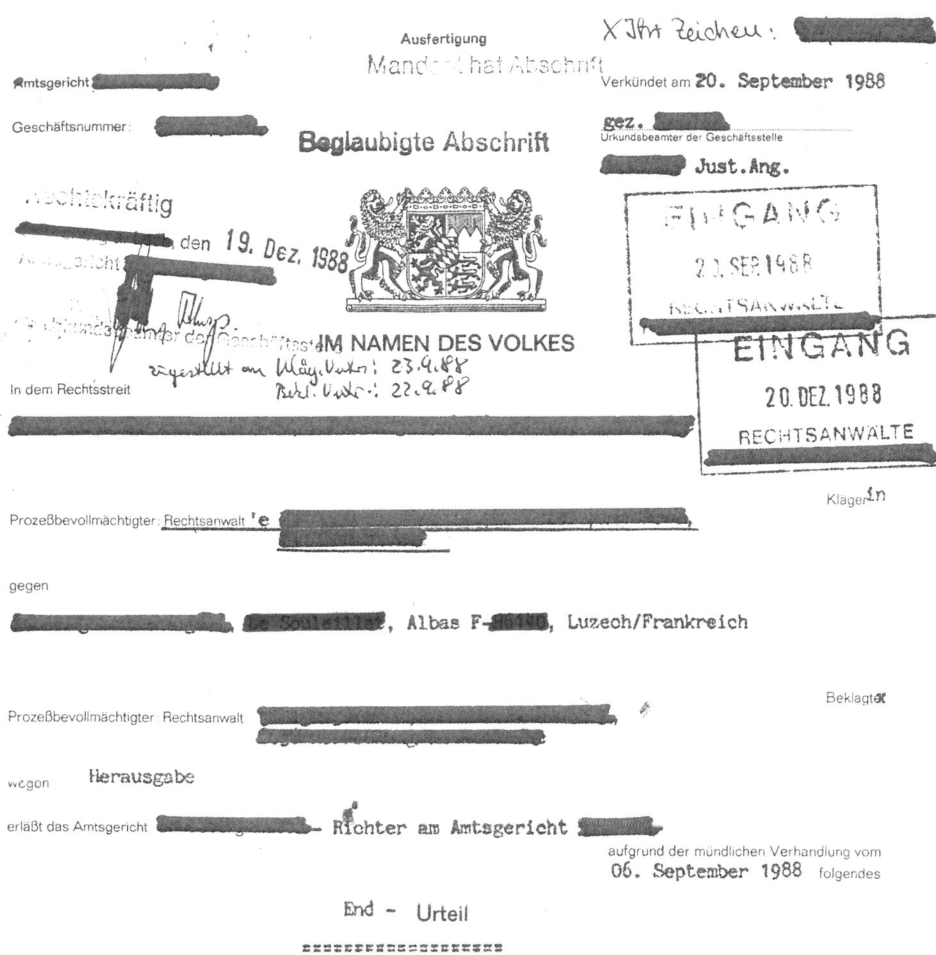

Ausfertigung

X Ihr Zeichen: [redacted]

Mandant hat Abschrift

Amtsgericht [redacted]

Verkündet am 20. September 1988

Geschäftsnummer: [redacted]

gez. [redacted]
Urkundsbeamter der Geschäftsstelle
[redacted] Just.Ang.

Beglaubigte Abschrift

Rechtskräftig
[redacted], den 19. Dez. 1988
Amtsgericht [redacted]
Urkundsbeamter der Geschäftsstelle

EINGANG 23. SEP. 1988 RECHTSANWÄLTE [redacted]

EINGANG 20. DEZ. 1988 RECHTSANWÄLTE [redacted]

IM NAMEN DES VOLKES

zugestellt am Klg. Vertr.: 23.9.88
Bekl. Vertr.: 22.9.88

In dem Rechtsstreit

[redacted]

Klägerin

Prozeßbevollmächtigter: Rechtsanwälte [redacted]

gegen

[redacted], [redacted], Albas F-[redacted], Luzech/Frankreich

Beklagte

Prozeßbevollmächtigter: Rechtsanwalt [redacted]

wegen Herausgabe

erläßt das Amtsgericht [redacted] - Richter am Amtsgericht [redacted] - aufgrund der mündlichen Verhandlung vom 06. September 1988 folgendes

End - Urteil
===================

1) Die Beklagte wird dazu verurteilt, an die Klägerin die silbergraue Hauskatze namens Minki herauszugeben.

2) Die Beklagte trägt die Kosten des Rechtsstreites.

3) Das Urteil ist vorläufig vollstreckbar.

Abschrift beglaubigt
[signature]
Rechtsanwalt

Ausbildungszeugnis

für GV-Anwärter/KH

zugeteilt vom 9. 4. 1996 bis 13. 9.1996

( ) a) einführende Ausbildung
( ) b) praktische Ausbildung I
( ) c) praktische Ausbildung II

Anlagen: Herr ist ein freundlicher junger Mann, stets gut gelaunt und lustig. Er ist bemüht, sein ohnehin vorteilhaftes Erscheinungsbild durch Fitnesstraining gezielt zu verbessern. Bedauerlich ist jedoch seine zu schwache Blase, die einen künftigen GV-Bezirk mit zentraler Toilette erforderlich macht.

Kenntnisse: Seine Kenntnisse beschränken sich im wesentlichen auf die Verdienstmöglichkeiten als GV und die Verwendungsmöglichkeiten des Computers für Computerspiele.

Leistungen: Seine Leistungen bewegen sich im wesentlichen im kulinarischen Bereich, sowie im Betrieb leistungsstarker Fahrzeuge. Außerdem besitzt er einen ausgeprägten Familiensinn.

Gesamtbewertung: gut, bei beurteilungsgemäßem Aufgabengebiet.
(Note in Worten)
*Notenskala a.d. Rückseite

, OGV
Unterschrift des Ausbilders

RECHTSANWALT

zugelassen beim

den o9.o4.85

1-d

Herrn Gerichtsvollzieher

EINGEGANGEN 10 APR 1985

Sehr geehrter

In Sachen Fa. Autohaus …r GmbH gegen … – A DR 1o78/85 – haben Sie auf dem Vollstreckungsprotokoll vom o4.o4.1985 vermerkt, daß Sie hilfsweise für alle Gläubiger eine Wohnung im Schloß … gepfändet hätten.

Ich bitte Sie um Mitteilung, ob aus dieser Hilfspfändung ein Erlös zu erwarten ist und gegebenenfalls wann.

Hochachtungsvoll

Rechtsanwalt

Vermerk: Hier hat offensichtlich der Rechtsanwalt etwas falsch verstanden. Gerichtsvollzieher sind nur für Pfändungen ins bewegliche Vermögen zuständig.

Wenn Unrecht zu Recht wird, ist Widerstand Pflicht!
International Criminal Court Ref. Nr.: OTP-CR-615/06/001
Selbstverwaltung der natürlichen Person nach BGB §1 mit Erklärung zum veränderten Personenstand vom 23.November 2010

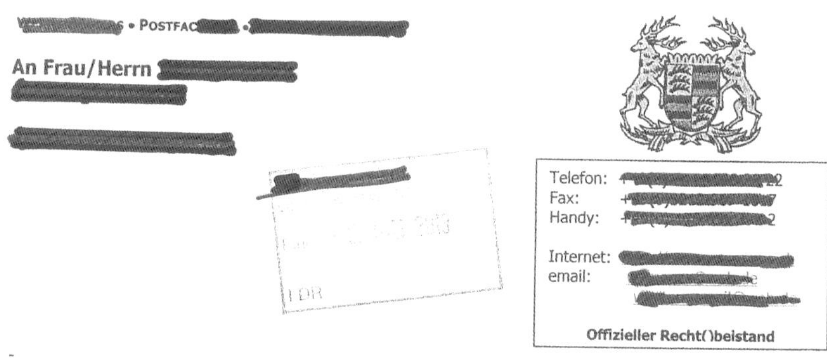

• POSTFAC

An Frau/Herrn

Telefon:
Fax:
Handy:

Internet:
email:

Offizieller Recht()beistand

Ihr Zeichen: **unser Zeichen:** **Datum: Samstag, 6. Juli 2013**

<u>Rechnung</u> (gemäß Vertrag über Schadensersatz)

<u>Zahlungsbedingungen:</u>
Diese Rechnung ist **<u>sofort</u>** zur Zahlung fällig. Begleichen Sie den unten aufgeführten Gesamtbetrag bis zum <u>30.07.2013</u> per Barscheck oder Verrechnungsscheck.

<u>Rechtgrundlage:</u> VwVfg §42a, UWG, GWG,HGB, Allgemeine Erklärung der Menschenpflichten und Menschenrechte.
Durch konkludentes Handeln ist der Vertrag über die Summe des Schadensersatzes zustande gekommen.

Vertragsleistung nach	Erfüllungsgehilfe	Empfänger
§4 (Androhung von Zwangsmaßnahmen)	50.000,- € pauschal	1.000.000,- €(Mio.) pauschal
§3 Abs.1 (Annahme von Leistungen	100% der Gesamtforderung bzw. des entstandenen Schadens zzgl. 50.000,- € pauschal	5.000.000,- €(Mio.) pauschal
§3 Abs. 2 und 3 (Umsetzung Zwangsmaßnahmen)	100% der Gesamtforderung bzw. des entstandenen	10.000.000,- €(Mio.) pauschal

Menschenrechte sind nicht Systemabhängig, diese gelten überall und sind nicht verhandelbar!
Man kann einen Menschen nichts lehren, man kann ihm nur helfen, es sich selbst zu entdecken(Galilei)

Seite 1 von 2

Rechtsanwalt

Herrn Gerichtsvollzieher

24.02.1986

DR. Nr. 48/86

Sehr geehrter

in oben bezeichneten Angelegenheit, haben Sie die Frage,
ob Zug um Zug zu leisten ist, nicht zu prüfen.

Außerdem kann der Beklagte jederzeit den PKW bei dem Kläger abholen.

Ihh bitte Sie daher, die Vollstreckungsmaßnahmen auszuführen.

Mit freundlichen Grüßen

Rechtsanwalt

Vermerk:
Gerichtsvollzieher sind verpflichtet zu prüfen, ob Zug um Zug zu leisten ist!